目录 CONTENTS

世界简史

第一章	空间的世界	001
第二章	时间的世界	004
第三章	生命的起源	007
第四章	鱼类时代	010
第五章	石炭沼泽时代	014
第六章	爬行类时代	018
第七章	最早的鸟类和哺乳类动物	022
第八章	哺乳类时代	026
第九章	猿、类人猿、原始人	030
第十章	尼安德特尔人和罗德西亚人	034
第十一章	最早的真正人类	038
第十二章	原始人的思想	042
第十三章	耕种的开始	046
第十四章	新石器时代的原始文明	050
第十五章	苏美尔、古埃及和文字	055
第十六章	早期游牧民族	059
第十七章	最早的航海者	063
第十八章	埃及、巴比伦和亚述	068

目录 CONTENTS
世界简史

第十九章	原始的雅利安人	075
第二十章	巴比伦帝国末期和大流士一世帝国	080
第二十一章	犹太人的早期历史	085
第二十二章	犹太的祭司与先知	090
第二十三章	希腊人	095
第二十四章	希波战争	100
第二十五章	希腊的繁荣	105
第二十六章	亚历山大大帝的帝国	109
第二十七章	亚历山大城的博物馆与图书馆	114
第二十八章	释迦牟尼的故事	119
第二十九章	阿育王	125
第三十章	孔子	128
第三十一章	罗马的出现	133
第三十二章	罗马与迦太基	139
第三十三章	罗马帝国的发展	144
第三十四章	罗马与中国	155
第三十五章	罗马帝国早期的平民生活	160
第三十六章	罗马帝国宗教发展的情况	166
第三十七章	耶稣对世人的教导	171
第三十八章	基督教教义的发展脉络	177

世界科普巨匠经典译丛·第三辑

世界简史 上

SHIJIE JIANSHI

人类文明的历程

(英)威尔斯 著 李少林 译

上海科学普及出版社

图书在版编目（CIP）数据

世界简史：人类文明的历程.上 /（英）威尔斯著；李少林译.—上海：上海科学普及出版社,2014.2（2021.11 重印）

（世界科普巨匠经典译丛·第三辑）

ISBN 978-7-5427-5878-1

Ⅰ.①世… Ⅱ.①威…②李… Ⅲ.①世界史—普及读物 Ⅳ.①K109

中国版本图书馆 CIP 数据核字 (2013) 第 222293 号

责任编辑：李 蕾

世界科普巨匠经典译丛·第三辑

世界简史 上

人类文明的历程

（英）威尔斯 著 李少林 译

上海科学普及出版社出版发行

（上海中山北路 832 号 邮编 200070）

http://www.pspsh.com

各地新华书店经销 三河市金泰源印务有限公司印刷

开本 787×1092 1/12 印张 15 字数 184 000

2014 年 2 月第 1 版 2021 年 11 月第 3 次印刷

ISBN 978-7-5427-5878-1 定价：35.80 元

本书如有缺页、错装或坏损等严重质量问题
请向出版社联系调换

第一章
空间的世界

> 在这种无边无际的空间里,我们真正认识的仅仅只是地球表面上的这些生命,它们也从未深入到3英里以下的地方,而我们与地心的距离居然有4000英里①那么远;它们也从来没有超越到地球上空5英里的地方,在那些地方,有的只是寂静与空虚。

我们现在所掌握的世界历史是极不完整的。200年以前的人们所认知的历史,还仅仅局限在3000年以内;至于3000年前的历史,则只是一些传说与推测。"公元前4004年,世界突然被创造了出来,至于是春天被创造的,还是秋天被创造的,专家们众说纷纭。"——我们现代社会大多数人都是这样被教育的,从而也就这样相信了。这种近乎离谱的观点完全继承了旧约的记载,体现了神学式的胡乱判断,就算是传教士也不再赞成这种看法了。大多数人认为,我们现在所生存的宇宙早已存在很长时间了,甚至是无限长。不可否认,这里面存在着差错,就好像房间的两头分别放了一面镜子,从而感觉房间永远没有尽头。值得庆幸的是,那种认为人类生存的宇宙只存在了六七千年的观点,早已被全盘否决了。

今天,众所周知,地球是一个球体,这个略扁的橘形球体,直径约为8000英里。大概在2500年前,就已经有一些开明人士认识到地球是个球体。而在这之前,

---

①英里是一种使用于英国,其前殖民地和英联邦国家的非正式标准氏单位制。
1英里=1.6093千米。

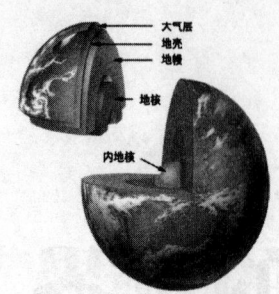

地球的内部构造

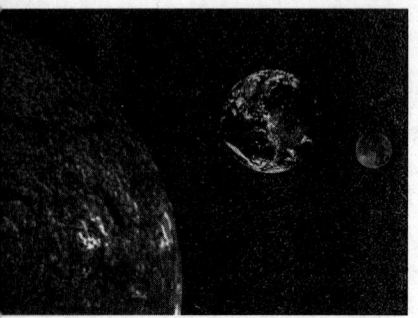

太阳、地球和月亮

太阳系依照至太阳的距离，太阳系内的行星依序是水星、金星、地球、火星、木星、土星、天王星和海王星。

世界一直被认为是个平面。那时各种关于地球、天空、星星之间关系的见解充斥在整个社会上；而用我们现在的角度来看，这些见解显得幼稚可笑。现在几乎所有人都知道：地球每24小时以地轴（地轴比地球的平均直径略短24英里）为中心自转一周，这也就是昼夜交替的原因。地球根据略显倾斜的轨道，每一年绕太阳公转一周。地球离太阳的距离，最近时为9150万英里，最远的时候为9450万英里。

围绕着地球还运行着这样一个球体——月球，它较小于地球，与地球的平均距离为23.9万英里。围绕着太阳运行的星球并非只有地球与月球，在离太阳3600万英里至6700万英里之间还运行着水星和金星。在距离地球运行轨道及呈带状的无数小行星之外，还运行着火星、木星、土星、天王星、海王星，它们离太阳的距离分别为14100万英里、48300万英里、177820万英里和279300万英里。人们对于这些数以百万英里计的距离，因为无从比较，所以也没有形象的概念，但如果我们把太阳与地球的距离缩小到一个我们可以理解的数字关系中，理解起来或许就会容易很多了。若我们用一个直径为1英寸的小球代表地球，那么太阳这个大球的直径就为9英尺，它们的距离就是323码（约1/5英里），步行需要四五分钟。而月球就是离地球2.5英尺远的一粒豌豆。在地球和太阳之间，有两颗内行星——水星和金星，它们距离太阳的距离分别是125码和233码。而在这些星球的附近，则没有其他星球；一直到距离地球175码的地方，才会遇到火星，4英里到6英里的地方分别是天王星和海王星。此后的方圆数千英里除了细微的尘埃和悬浮的蒸汽,其他什么都没有。用这样的比例计算,离地球最近的恒星也远在5万英里之外了。

这些数字大概能让人们形成这样一种观点:生命这出戏剧演出的舞台空阔且寂静。

在这种无边无际的空间里,我们真正认识的仅仅只是地球表面上的这些生命,它们也从未深入到3英里以下的地方,而我们与地心的距离居然有4000英里那么远;它们也从来没有超越到地球上空5英里的地方,在那些地方,有的只是寂静与空虚。

最深的海洋也不过5英里,飞机的最高纪录也仅仅超越了4英里(这是作者所处时代的纪录)。曾经有人坐热气球到达过7英里的高空,但他却感到无比的痛苦。没有任何一种鸟类可以飞越5英里的高空。有人曾用飞机把小鸟和昆虫带到空中,但是高度还没到达5英里时,这些动物却早已没有了知觉。

第二章
时间的世界

> 若我们能回到遥远的过去，去看看童年时期的地球，我们就能看见与今天截然不同的景象：那时候的地球更像是炼矿炉里融化的矿物，或者用没被冷冻凝固的岩浆表面来形容会更妥当。

近50年来，关于地球年龄及起源的研究与探讨从未间断过，科学家们作了很多精密的推测。由于这里面包含了许多关于数学与物理方面的知识，我们很难给各位读者概括这些推测。而实际上，以我们现今数学与物理的发达程度，依然还无法获得超越前人推测结论的科学成果；但总体而言，地球的年龄倒是被推测得越来越长了。如今看来地球是一颗独立存在，且围绕太阳飞行了20多亿年的行星。或许地球存在的时间要比这更长，长得超出我们的想象。

在独立存在的这段漫长的时间前，太阳、地球以及围绕太阳旋转的其他行星，或许只是散落在这虚无空间中的一个大漩涡。人们通过天文望远镜看见了天空中的其他部分，发光的螺旋状星云，看上去就像围绕着一个中心在旋转。于是天文学家们设想：或许太阳和它周围的行星也曾是这种漩涡。随着时间的推移，漩涡中的物质慢慢凝聚成现在的形状，这种凝聚的开始源于更远的过去，终止于以上所说的时期，地球跟月球于是也变得分明了。那时候的地球与月球，距离太阳更近，旋转的速度比现在要快很多，绕太阳运行的速度也更快一些，它们的表面或许呈一种白炽化的状态。而太阳，则是宇宙中一个巨大的火球。

螺旋星云,是由星体、灰尘、气体和等离子等物质由于重力的作用汇集到一起形成的星云,看上去它就像是一个在黑暗的宇宙中划过的火风车。天文学家们早在200多年前就发现了它的存在。

若我们能回到遥远的过去,去看看童年时期的地球,我们就能看见与今天截然不同的景象:那时候的地球更像是炼钢炉里融化的矿物,或者用没被冷冻凝固的岩浆表面来形容会更妥当。同时,也没有液态的水,因为所有的水分都在硫磺蒸汽和矿物蒸汽里化成了水蒸汽弥漫于天空。而在它们的下面是沸腾翻滚的熔岩海洋,弥漫着火云的天空,阳光与月光飞快掠过,如同一道炽热的气浪。

几百万年过去了,这个翻滚的汪洋火海逐渐冷却下来。天空里的水蒸汽变成雨水降落到地面,密度也变得稀薄起来。逐渐凝固的石块,一会儿在熔岩中沉浮,一会儿又被另一块更大的石块压没。太阳和月亮也到了更为遥远的地方去了,体积变得更小,运行的速度也变得更慢了。由于月球的体积较小,因此其表面的温度早已冷却到白炽状态以下,所以,它时而遮挡住阳光形成月蚀,时而反射阳光形成满月。

经过了无限漫长岁月后,地球用非常缓慢的速度逐渐变成了我们现在居住的这个模样。最后出现了这样一种景象:水蒸汽遇到冷空气凝结成云,最早的雨水落在了最早的岩石上。

原始的地球也是一个火球，上面没有任何生命。

在后来的千万年间，虽然地球上的大部分水分依然在大气中蒸发，但至少已经有了滚热的水，流到了凝结的岩石上，形成沼泽湖泊，并且冲刷着碎石和尘埃。

最后，我们人类在地球上生存的条件终于成熟。倘若我们可以回到那时的地球，我们所处的环境将是这样的：空中刮着狂风，下着暴雨；地上全是熔岩，没有泥土，没有植物。那种炽热如同火焰般的狂风，其危害性远胜于最强的龙卷风；瓢泼大雨在我们现在温暖舒适的地球上根本不堪设想。从我们身边倾注而下的雨水，呼啸着，带着石块岩浆，冲刷出一条条沟壑深谷，最终把这些沉积物甩入海洋。我们可以透过云层看见巨大无比的太阳从我们头顶的天空掠过，紧随的是无休止的地震与地动。而月亮，虽然它现在只把它的一个面朝着地球，但在那个时代，它会将羞于见人的另一面翻给你看，你能明显地看出它在转动。

随着地球年龄的不断增长，一天的时间也逐渐变得越来越长了。地球与太阳的距离也开始变得遥远，阳光不再炎热逼人，变得温暖起来。月亮转动的速度也逐步变慢，风雨的强度也日趋减小。海水也开始一点一点增加，慢慢变成了汪洋大海，从而覆盖全球。

但这时的地球仍然没有生命，海洋里也没有生命，大陆上更是荒芜冷落。

第三章
生命的起源

> 就如同银行的账簿不可能充当邻近人员一生的记录一样,"岩石记录"也没有关于过去生命的完整记录。只有当生命进化到开始分泌并孵化出钙质、针骨、甲壳类动物或石灰质茎,并由此能够给未来留下点什么时,它们才可以成为某种生命体的记录。

地球上的生命在人类拥有记忆和传说前,我们所有的知识几乎全来自生命体在岩石中所留下的痕迹和化石之中。我们在页岩、板岩、石灰石和砂岩中,发现了很多骨头、贝壳、纤维、根、种子、足迹和掌印;还发现了第一次潮汐留下的痕迹,以及最早的降雨所形成的洼地。正是通过对"岩石记录"的仔细检查,才使得地球生命的历史可以总结。今天,这些发现已成为一种常识。沉积岩虽然均匀地一层压着一层,但在经过扭曲、拉扯、挤压和分散后,如同被多次抢劫和焚毁的书页。它们现在所表现出来的这种顺序,人们之所以可以更容易地阅读,完全归功于大批学者对它的终身研究。这些岩石所记录的时间范围,粗略估计为16亿年。

记录中最早的岩石,地质学家们称其为"原生岩石",在这之前依然还是看不到任何生命的迹象。在北美洲,有一片广袤的地区裸露着原生岩石,依据它的厚度,地质学家们推测,它们至少有了8亿年之久,这占据了所有地质记录的一半。让我再次重申这个有着深刻意义的事实:从陆地和海洋第一次分开以来的一半时间内,地球没有留下任何有关生命的痕迹,虽然在岩石中有海浪

沉积岩，又称为水成岩，是组成地球岩石圈的三种主要岩石之一（另外两种是岩浆岩和变质岩）。是在地表不太深的地方，将其他岩石的风化产物和一些火山喷发物，经过水流或冰川的搬运、沉积、成岩作用形成的岩石。

巨型海蝎，又称巨型羽翅鲎，外形与蝎子相像，体长超过8英尺（约合2.43米），是体型最大的鳌虾，生活在距今3.9亿年前。是第一种从水中移居到陆地，并知道如何蜕壳的动物。

和雨水的痕迹，但是没有生命体的任何标记。

随着我们对记录一步一步地调查，生命迹象终于出现，且越来越多。在世界历史上，我们发现了生命痕迹的最早时期，地质学家称之为早古生代。生命活动的最早证据，是一些相对简单和相对低等的生物遗迹，例如水生贝壳类动物的贝壳，植物类动物花朵般的头、藻类、甲壳类动物沙蚕一样的足迹和遗体。最早期的动物非常相似于蚜虫，它们可以如同蚜虫那样把身体蜷成一个球，这种动物就是三叶虫。经过几百万年，有一些海蝎出现，相比以前的动物，它们显得更灵活也更强大。

这些动物的身体一般不是很大，但是，某种海蝎的身长却能达到9英尺[①]。在此期间，地球上没有发现任何陆地生物的迹象，无论是动物还是植物。至于鱼和其他脊椎动物的迹象，在这一时期的记录中，依然一无所获。在这一时期的地球上，历史给我们留下的所有动物和植物痕迹，基本上都是浅水潮生物。今天，如果我们想看到的古生代岩石相似的植物群和动物群，去除体积的考虑，最好的方法，是从长着游藻类的沟中或是岩熔池中取出一滴水，把它放在显微镜下观察。我们会发现，这滴水所表现出的小甲壳类动物、小贝壳、海绵、珊瑚和海藻，和那些统治我们地球极其笨重巨大的原型，是多么惊人的相似啊。

但请记住，那些早古生代岩石，或许不会为我们提供任何有关我们这个星球上生命开始的记录。因为

---

① 1英尺=0.3048m

如果某种动物不具有一个坚硬的外壳,也没有足够的体积和重量,它根本不可能在泥石中留下痕迹,从而成为留下证明它存在的化石。就好比现在世上这些无数微小的软体动物一样,它们也不会留下任何痕迹来让未来的地质学家和古生物学家考察。同样,在过去的世界中,我不知道有多少这样的生物,它们生活、繁殖,并繁荣,最后,又毫无痕迹地消失了。因此,所谓的无生代时期,也许有着无数种低等级、无骨壳胶体动物,生活在温暖的浅水湖泊里;还有着无数种游藻类植物,生长在阳光明媚的潮涨潮落的岩石上和岸边。

就如同银行的账簿不可能充当邻近人员一生的记录一样,"岩石记录"也没有关于过去生命的完整记录。只有当生命进化到开始分泌并孵化出钙质、针骨、甲壳类动物或石灰质茎,并由此能够给未来留下点什么时,它们才可以成为某种生命体的记录。然而,在较为接近那些含有化石痕迹的岩石之前的岩石中,偶尔可以发现石墨——某种碳的分离形态。

权威人士认为这些东西或许正好是我们不知道的生物,它们通过自己的生物活性,从复合状态中分离出来。

沙蚕,俗称海虫、海蛆、海蜈蚣、海蚂蝗。我国的沙蚕种类有约80多种,经济种类和用于养殖的品种主要有:日本刺沙蚕、多刺围沙蚕、双齿围沙蚕等。喜栖息于有淡水流入的沿海滩涂、潮间带中区到潮下带的沙泥中,幼虫食浮游生物,成虫以腐植质为食。

第四章
鱼类时代

> 生物是由个体组成的。这些个体是可以确定的东西，既不是块状或团状的无生命体，也不是无运动无界限的结晶体。

"世界仅存在了几千年"的这种观点曾经在世上占据着主导地位，在那个年代里，动物和植物的种类都被认为是一成不变的，各种生物被创建出来时的模样就是它们现在的样子。但是自从人们开始发现并研究"岩石记录"后，这一观点便动摇了。人们变得持怀疑态度：在漫长的岁月里，植物和动物是否发生过变化和发展呢？有了这样的疑惑之后，从而形成了生物进化论：地球上的所有生命，无论是动物或植物，都是从无生代某些极简单的海洋生命体，即没有任何组织的生命体，通过缓慢持续的过程演变而来的。

生物的进化与地球的年龄一样，一直都是科学家们激烈辩论的问题。曾几何时，生物进化论被某些莫名其妙的观点所误解，从而被认为是与正统的天主教、犹太教的教义背道而驰的异端邪说。万幸那个时代终于结束了。现在，绝大多数的天主教、基督教、犹太教、伊斯兰教的教徒们，都自由地接受了这种更加广泛更加与时俱进的见解：万物同源，横空出世的生物是不存在的。无论今天还是过去，生物仍然在不断地发展着。想象一下，在时间的长河中，它们繁衍生息、代代相传，从最开始在潮起潮落的泥沙中蠕动，终于进化成自由、强大

古生代的动物化石

且具有思想的生命体。

生物是由个体组成的。这些个体是可以确定的东西，既不是块状或团状的无生命体，也不是无运动无界限的结晶体。它们有着非生命体不具有的两个特性：一是可以同化其他物质使其成为本身的一部分；二是它们还可以再生。它们可以进食、可以繁衍，并且还可以产生大量与本身相似但又有着微小变化的其他个体。每个生命体与它的后代之间存在着一些种族相似点，但也存在着个体的变异。这是任何物种在任何时期都会存在的现象。

直到现在，科学家们依然无法向我们作出解释，母体与后代之间为什么存在着相似性？为什么又会出现不同性？生命体与其后代间的相似性与不同性是人们所常见的，而由此得出物种生存环境若发生变化，其本身也必然会发生相应变化的结论，与其说是科学知识，倒不如说是一种常识。正所谓，物竞天择，适者生存，任何物种的每一代都会产生大量可以适应新环境的个体和一些无法适应新环境的个体。总体而言，前者较之后者，寿命更长久，繁殖能力也更强。物种依循着这种原则代代相传，它们的整体素质也朝着更好的方向发展下去。这个过程就是"自然选择"。自然选择既不是科学理论，也不是从繁殖与个体变异的事实中推测出来的必然结论。世上是否有着某种其他力量在左右着物种的灭绝与生存，科学家们也无法明确地给出解释。如果有人不承认从生物的出现开始，自然选择就起着作用，那他不是无视生命存在的根本事实，就是缺少基本的思维能力。

关于生命起源的问题，许多科学家都思考过，而他们的这些思考往往生动有趣。可是至今关于生命起源的问题，依然没有明确的见识和令人信服的推测。不过，几乎所有的权威学者都一致认为：生命大概起源于某个被阳光照耀下的微咸浅水所浸泡过的泥沙中，然后，随着潮起潮落，分别向陆地与深海扩展。

最初的地球上，潮汐活动异常剧烈。生命体很容易被海浪涌上岸边晒干，或者被冲进深海，因为缺少空气和阳光而死去。这种环境使它们朝着生根固定的方向发展，并且促使某些物种为避免脱水迅速干燥而生出外壳。最初的时候，这些生命体依靠对味道的敏感而寻找食物；依靠对光线的敏感从深海与洞穴中出来，或者是逃离因过度明亮而无法生存的浅滩。

早期生物身上的甲壳，或许并不是抵御外敌而用，而是用来御防干燥。不过牙齿和爪甲，倒是很早就出现了。

在上文中我们已经说过关于早期海蝎的大小。在很长一段时间里，这种动物一直是生物界的领导者。在这之后的古生代岩层中的某段时期，现在许多地质学家认为这一时期大概在5亿年前，地球上出现了一种有眼睛、牙齿、会游泳，而且能力更强大的新型动物。这是我们已知的最早脊椎动物——原始鱼类。

最早的鱼类化石

在岩层的下一层中,也就是泥盆纪,这种鱼类有了明显的增加。由于这种生物在这一时期尤为繁盛,所以岩石记录下的这一时期被称为"鱼类时代"。如今,这些鱼类早已在地球上灭绝了,现在的鲨鱼和鲟鱼倒是长得跟它们很像。这种生物时而在水里穿梭,时而飞出水面,在海藻间追逐捕食,它们给远古的海洋带来了新生机。用现在的标准去看它们,并不是很大,2-3英尺(80-90厘米)长的都很少,不过也有例外,某种鱼的长度就达20英尺(6米)。

我们无法从地质学上获得关于这些鱼类始祖的任何线索,它们看上去好像与远古时期的鱼类没有任何的关系。动物学家们曾经对这些鱼类的始祖提出过许多有趣的看法,但是大多都是对它们现存近亲鱼卵的发育,和对其他一些资料研究推测出来的结论。显然,脊椎动物的始祖是软体动物,十分可能是那种先在嘴里或嘴的周围长出牙齿般硬物的小型游水动物。鳐鱼和角鲨的牙齿覆盖在上下腭外面,并且从嘴边开始,浑身长满了齿状鳞。当这些齿状鳞进入到地质学记录中的时候,它们也已经离开了深藏的黑暗洞穴,来到了光亮的地方,于是,最早的脊椎动物就出现在了记录中。

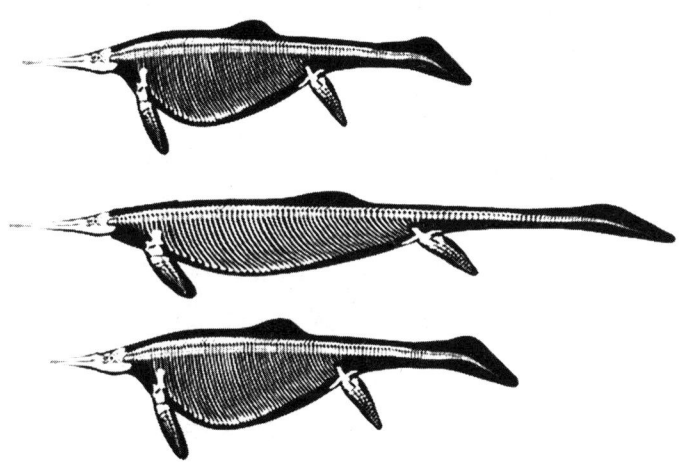

甲胄鱼,又名介皮类,是已灭绝的一类没有下颚的原始鱼类,其身上有骨质的甲胄覆盖。它们一般短于30厘米,相信是行动缓慢及栖于水底的动物。

第五章
石炭沼泽时代

> 直到"鱼类时代"后期,生物们才适应了新环境,从广阔的浅海和海湾来到了陆地上。毫无疑问,这些早期生物在过去的千百万年间,用一种细微的、未知的方式才演变成现在这个模样,而现在,它们走入了属于自己的时代。

在鱼类时代,生命显然还未曾降临到陆地上。陆地上只有冷峻的岩石和起伏的高山,任凭风吹日晒。此时的地球,依然没有真正意义上的土壤,因为那时既没有可以改善土壤的蚯蚓,也没有使岩石破碎为土壤的植物,就连苔藓和地衣也没有,而生命,依然只存在于海洋里。

在这片仅有着岩石的地球上,气候发生了巨大的变化。而让气候发生巨变的原因十分复杂,时至今日,我们还只能对其进行推测而已。地球运行轨道在变,地球两极自转的方向在变,陆地的形态在变,就连太阳的热度也在变,这种种原因致使地球表面的大部分区域进入了长期的冰冻期。

后来,全球又变得温暖舒适起来,并且持续了几百万年时间。在地球的历史上,曾经有过几次剧烈的活动期。累积了几百万年的上冲力促使火山爆发、地震频频,使地表上的高山与平原发生了剧变,从而使得海洋变深了,山地更高了,气候变化也加剧了。紧随其后而来的是漫长的平静时期。在这段时期,由于冰雪、风雨以及河流的不断侵蚀,山的高度变低了,同时,又把大量泥沙冲入海里,使大海变浅,海面也持续扩张,覆盖了广袤的陆地。在世界历史上,这种"高而深"时代和"低而平"时代曾经交替出现。或许有些读者会认为，自从地壳形成之后，地表的温度也慢慢冷却下来了，这样的观点是完全不对的。实际上，地球在经过几次冰冻之后，地壳内部的温度就无法再对地表产生任何影响。就算在无生代时期，同样也会存在冰冻的痕迹。

直到"鱼类时代"后期，生物们才适应了新环境，从广阔的浅海和海湾来到了陆地上。毫无疑问，这些早期生物在过去的千百万年间，用一种细微的、未知的方式才演变成现在这个模样，而现在，它们走入了属于自己的时代。

毫无疑问，植物比动物更早登上陆地，不过相距的时间倒是不远。登陆后的植物要解决的第一个问题是如何在没有浮力的情况下，获得坚硬物支撑起叶子，让其受到充足的光照；第二个问题是如何在远离水的情况下，从植物身下的潮湿地面中获取水分。而木质组织恰好可以解决这两个问题，它既可以支撑植物受到阳光照射，又可以向叶子输送水分。这一时期的地质记录中，一下子涌现了种类繁多的木质沼泽类植物，有木质苔藓、木质蕨类和巨型木贼等体积

石炭纪沼泽蕨类森林

石炭纪的巨虫化石

早期的鱼类化石

庞大植物。随着时间流逝,大批其他品种的动物也从水里来到了陆地上,例如蜈蚣、千足虫、最早期的原生昆虫,还有古代巨蟹和海蝎的近亲,它们最后都演变成地球上最早的蜘蛛和陆地蝎。随后,脊椎动物也出现了。

地球早期的昆虫体积一般都比较大,那段时期曾经有一种蜻蜓,双翅展开时居然有29英寸(90厘米)长。

这些新型昆虫,通过各种方式让自己能适应直接呼吸空气,因为呼吸空气是一切动物生存的先决条件。由于在以前,这些动物还都呼吸着溶解在水中的空气,所以,动物还要想方设法发展自己补充身体水分的能力。时至今日,如果人的肺完全干枯,那么就会立刻窒息而死,因为只有当肺的表面处于湿润状态时,空气才可以顺畅地经过肺部进入血液。

动物如何适应游离态的空气,从而进行呼吸,这需要让自己的身体发生改变。这种改变体现在许多方面,例如长出一个新的器官来遮盖旧有的腮,从而防止蒸发;或者是通过进化让某个器官深藏体内,从而可以让分泌液来滋润呼吸管道或新的呼吸器官。远古脊椎鱼类用来呼吸的旧式腮无法在陆地上呼吸,因此这类动物的呼吸器官发生了分化,鱼类用来游泳的鱼鳔进化成现在动物体内的新呼吸器官——肺。水陆两栖类动物,如青蛙和今天的蝾螈,在水中生活时用腮呼吸,同时体内的鱼鳔发生了进化,变成长在咽喉附近的袋状物,肺承担了它们在陆地上呼吸的任务。接着腮萎缩退化,腮裂也随之消失(不过只留下一个腮进化成耳至鼓膜的通道)。这些动物后来只能生活在

石炭纪两栖类动物巨蜥

陆地上，不过，为了产卵和繁殖后代，还是要回到水边去。

在沼泽时代，所有呼吸空气的脊椎动物都属于两栖类。这些动物，几乎全都长得跟今天的蝾螈一样，不过某些品种的身体倒是要庞大很多。虽然它们都已经是陆地动物，但是仍然需要住在潮湿的沼泽或沼泽附近。这段时期的大树，也同样具有两栖的习性，因为它们还没有长出仅靠雨水滋润就能发芽的种子，它们的孢子只能落入水中才能发芽。

比较解剖学中最有魅力的学科就是寻找生物从水中移居到陆地上，具有哪些复杂而又惊人的适应性。所有生物，无论植物或是动物，最初都生活在水中。例如包括人在内的一切较鱼更为高等的脊椎动物，在卵发阶段或出生之前，都有腮裂，但在出生之后却又消失了。再比如鱼类，它们的眼睛因为裸露在水中所以得到了滋润，而更高等的动物则要靠眼睑和分泌腺体来保持眼睛的湿润。再者，若要听到在空气中震动相对微弱的声音，必然就会生成鼓膜。为适应身体直接与空气接触的环境，它们身体上的所有器官也随之进行了类似的改变、调整和修补。

在石炭纪两栖类时期，生物在沼泽、海湾以及低洼的水中生活。虽然此时生物的生活范围已经扩大，但在高原和高山上，仍然没有生命，呈现出一派荒凉的景象。生物虽然已学会了呼吸空气，但它们的根仍在水中，依然要回到水中去繁衍生息。

第六章
爬行类时代

> 如今，爬行类动物的种类在地球上已经很少了，而且分布的范围也十分有限。但是与那些在石炭纪时期曾统治过地球的两栖类动物遗留到现在的后代相比，它们的种类要多得多。

自从生物繁盛的石炭纪时期过去后，又一个漫长、干燥、严寒的时代降临了。这一时期的地质记录中全是厚厚的岩砂类堆积层，而少有生物化石的痕迹。地球上的温度频繁地升降，并且还经历了多次漫长的冰河时代。以往种类繁多且茂盛的沼泽植物早已绝迹。新的堆积层把它压在了下面，开始了压缩造矿运动，正是这一运动馈赠了我们今天丰富的煤矿。

也就是这个剧烈变化的时期，生物在恶劣的环境中接受了最有价值的考验，并迅速蜕变。当环境重新回到温暖和潮湿之中时，我们会发现一系列新型的动物和植物出现了。我们在岩石记录中发现了一种新的卵生脊椎动物，它们在孵化完成之前便已经发育成熟了，一出生就可以在陆地上生存，而不必像蝌蚪那样必须在水中先生活一段时间。此时的动物，在出生前的胚胎中或许还存在着鳃裂，但是出生后就完全消失了。而这种无需经过蝌蚪阶段的生物就是爬行类动物。

同时也出现了可以结出种子的树木。它们可以独立完成播种的任务，而不再依靠沼泽和湖泊。虽然还没有出现草类和可以开花的植物，但是毕竟已经有

了类似棕榈的苏铁类植物和各种热带针叶类植物。羊齿类植物生长繁茂且种类繁多,昆虫的品种也在逐渐增多,虽然还没有出现蜜蜂与蝴蝶,却已经有了甲虫。不管怎样,新的、真正的陆地动植物的所有基本形态都已经形成,即便还要经历漫长的苦寒时期,但它们只要一遇到可以适应的环境,就可以迅速地繁荣昌盛起来。

早期的鳄鱼

地球在经历过漫长的剧变后,终于进入了一段平和时期。在无数次地壳运动、地球轨道变化,以及地球运行轨道与地轴角度增减等因素的共同推动下,形成了地球上一段漫长且大范围温暖的时期。现在推算这段时期,至少延续了2亿年以上,这就是中生代,用来区别遥远的古生代、原生代(共14亿年),也用来区隔于其末期与现代的新生代。由于在这一时期,各种爬行类动物在地球上占据着主导地位,因此中生代也称为爬行动物时代。大约一直到8000万年前,中生代才结束。

海龟

现如今,爬行类动物的种类在地球上已经很少了,而且分布的范围也十分有限。但是与那些在石炭纪时期曾统治过地球的两栖类动物遗留到现在的后代相比,它们的种类要多得多。今天,依然还有蛇、海龟、龟、鳄鱼、蜥蜴等爬行类动物生存在地球上。这些动物毫无例外全年都要生活在温暖的环境中,而不能在严寒的环境中生存。或许中生代的爬行类动物也同样受这些环境的制约。它们是温室类动物,习惯生活在温带丛林中,经受不住严寒。不过,地球上终究还是出现了真正可以在干旱陆地上生活的动植物了,它们与生物全盛期的沼泽类动植物截然不同。

石炭纪的植物

梁龙,是梁龙科下的一属恐龙,生活于侏罗纪末的北美洲西部,时代可追溯至1.5—1.47亿年前。个体最长可超过25米,是已知最长的恐龙。

蛇颈龙,是海中爬行类的一种,它们由陆上生物演化而来,再回到海洋中生活。这些中型的爬行类活在三叠纪到白垩纪晚期,主要以食用鱼类维生。

那时候的爬行类动物,种类要远远多于我们现在所知道的大鳖、海龟、巨鳄和各种蜥蜴、蛇等动物。此外,还生存着各种各样的现在地球上已经灭绝了的奇异种类,而恐龙的品种最为繁多。当时,芦苇、羊齿蕨等植物已经覆盖了平坦的低地。在中生代,食草性的爬行动物得到了大力发展,它们以这些丰富的植物为食,庞大的体格也比以往的任何两栖类动物要大,或许只有海里的鲸鱼可以与之比肩。例如梁龙,从它的鼻尖到尾端共有84英尺长(26米),而巨龙则更长更大,足长约100英尺(30米)。不要以为这些大型动物会处于食物链的顶端,以它们为食的恰恰是一些身材比它们略小的食肉类恐龙,霸王龙就是其中的一种。在许多书籍里面,霸王龙常被描写成绝无仅有的凶残爬行动物。

当这些大型动物在中生代丛林中的蕨叶和常绿植物间觅食或追逐时,另一种如今已灭绝的爬行动物,却在用它们进化成蝙蝠翅膀一样的前肢捕捉着昆虫。最初,它们只是跳跃,到后来终于可以在树林的枝杈间滑翔,这就是翼手龙,它们是最早的可以飞行的脊椎动物。它们为脊椎动物的生长史创立了一个新的里程碑。

另外,还有一些爬行动物又回到了海里,其中就有三种会游泳的爬行类动物回到了它们远祖曾经生活过的海洋里,它们分别是沧龙、蛇颈龙和鱼龙。它们有的体型甚至跟现在的鲸鱼一般大小。鱼龙或许只有在排卵时才会下海,至于蛇颈龙,现在早就无法找到它的同类了。它们拥有庞大的体形以及游泳的器官,非常适合在沼泽和浅水处游行或爬行。它们巨蟒般的脖子完全胜过天鹅，上面长着一颗不成比例的小脑袋。蛇颈龙跟天鹅一样，游水的同时还可以兼顾觅食，又能够潜入水中，去捕捉经过的鱼类和其他动物。

以上便是整个中生代陆上生物的主要生活景象。在那段时期，它们始终都占据主导地位。如今，用我们人类的眼光来看，它们确实比过去的任何动物都要进步得多，体形更大、分布范围更广、更加有力量，且更有生机。虽然海中还未曾达到这种进步，但生物的新品种也已经开始丰富起来。有种类似于乌贼的菊石类动物开始出现在浅海里了，它们具有封闭的螺旋状贝壳。它们的远祖曾生活在古生代的海洋里，而中生代它们的状态达到了顶峰。今天，这种动物早已灭绝了。而与它们最近的近亲，是生活在热带海洋中的珍珠鹦鹉螺。而鱼类，则出现了一种新生的、多产的品种，它们跟以往那些长有片状或齿状鳞片的鱼类相比，具有更优质的鱼鳞，从此，它们开始兴盛起来，并在江河湖海里占据了优势地位。

菊石，软体动物门头足纲的一个目，或一个亚纲。菊石最早出现于泥盆纪初期，中生代趋于极盛，白垩纪末期灭绝。

珍珠鹦鹉螺

第七章
最早的鸟类和哺乳类动物

> 在爬行类动物中,有一些擅长跳跃的小型物种和小型恐龙类动物。它们在生存环境的压迫下,以及天敌的袭击下,要么遭遇灭绝,要么就是让自己适应严寒的生存环境,逃到寒冷的高山或海洋深处去。

在上面的几个章节,我们为读者简要地描述了生命最为兴盛的中生代动植物。当时的地球上,热带雨林和潮湿平原被恐龙统治着,而丛林则是翼手龙的天下,它们振动翅膀会发出如同尖叫的声音,滑翔在无花的灌木丛里捕捉着一只又一只昆虫。然而就在它们的附近,却生活着另一群不显眼的动物,数量不多的它们,尽量避开那些生物,隐忍着学习一种新的生存的本领。而这种本领,在太阳与地球不再温和仁慈时,对种族的延续就显得非常有价值了。

在爬行类动物中,有一些擅长跳跃的小型物种和小型恐龙类动物。它们在生存环境的压迫下,以及天敌的袭击下,要么遭遇灭绝,要么就是让自己适应严寒的生存环境,逃到寒冷的高山或海洋深处去。这些遭遇不幸的物种,逐渐进化出一种新型的鳞,随后这种鳞又被拉长变成管状,成为当时最早的羽毛。这种相互重叠的管状"鳞"片覆盖在动物身上,确实比当时任何一种爬行动物的外皮更有效地保持体温。正因为如此,它们才得以进入无羽毛动物无法生存的寒冷地区繁衍生息。变化的还不止是羽毛,这些动物开始变得更关心自己的蛋,而通常,爬行类动物大多是不关心自己的蛋,任凭它们自然孵化。但生命之树上长出的新枝却出现了分杈，它们养成了保护自己的蛋，并用自身体温来孵蛋的习性。

在对寒冷环境适应的同时，原始鸟类的身体内部也发生了变化。它们的血液变得温热，并一直保持它的温度，使其进化为早期的恒温动物。最初的鸟类或许是捕鱼为食的海鸟，它们的前肢与其说是翅膀，还不如说是企鹅那样的蹼足。新西兰的鹬鸵是一种很奇特的鸟，它们的羽毛非常纯粹，可是却不能飞，这也不像是从会飞的祖先那里遗传的。在鸟类进化史上，羽毛先于翅膀出现。不过，只要羽毛得到发展，它们必然会轻松地展开前肢，而翅膀的出现也就是时间的问题了。我们从一片鸟的化石中，至少能看出它的腭部有爬行动物的牙齿，身体后部还有一段爬行动物的尾巴，但同时又有着鸟类的翅膀。可以肯定的是，它们曾经混迹于中生代的翼手龙中间自由飞翔。尽管如此，鸟类的种类和数量在中生代仍然很少，假如有人能回到中生代的地球上去，想必他只能看到，在蕨类植物的枝叶和芦苇中飞翔鸣叫的翼手龙和昆虫，却很难看到一只鸟，听到一声鸟叫。

始祖鸟，是一些有羽毛印痕的兽脚类恐龙化石标本的统称，它们可能是一种基础恐爪龙类，曾经被认为是最早及最原始的鸟类。

同时，他也无法看到任何哺乳类动物。尽管最早的哺乳类动物可能要比最早的鸟类早出现数百万年，但当时，它们还过于渺小、稀有，因此，根本无法引起注意。

与早期鸟类一样，早期的哺乳类动物也是因为生存竞争和天敌驱赶，被迫去适应如何在艰难的严寒环境中生活。它们表皮上的鳞同样进化成管状，从而形成保持体温的隔离层。它们与鸟类的变化大同小异。

翼手龙，侏罗纪晚期的翼龙类，以鱼类或昆虫为食。翼手龙科的所有成员均尾短，头长。在分类上并不真正属于恐龙，而只是恐龙的近亲。

鸭嘴兽，是最原始的哺乳动物之一，种类极少，同属之中只有鸭嘴兽一种动物，也是最低等的哺乳动物之一。2500万年前就已出现，至今仍生活在澳大利亚。

飞龙，是翼龙目翼手龙亚目的一属，发现于中国辽宁省北票市的义县组，年代为晚白垩纪的巴列姆阶到阿普第阶。

跟鸟类一样，它们体内的血也变成温热的，并保持恒温，不一样的是，它们没有进化出羽毛而是毛发。它们不像鸟类那样只是单纯地保护和孵化蛋，而是把蛋一直安置在自己温暖的体内来保证其安全，并持续到幼体发育成熟。它们中的大多数都是胎生的，以至于幼体出生后就是一副鲜活的样子。即便是幼体已经出生，它们仍然履行保护、喂养幼体的职责。现在的大部分哺乳动物都有乳房，用来哺育自己的幼儿。事无绝对，有两种哺乳类动物就没有乳房，而且是卵生繁殖后代，它们靠皮肤的分泌物来喂养后代，这两种动物就是鸭嘴兽和食蚁兽。食蚁兽产下硬壳蛋后，把它放在腹部下面温暖安全的袋中，直到孵化出幼体。

就像去往中生代地球的参观者要花上好几天甚至好几个礼拜的时间，才能发现鸟类的踪迹一样，如果不知道哺乳类动物的确切位置的话，一样也很难找到哺乳类动物的痕迹。毕竟在中生代时期，鸟类和哺乳类动物都不是主要动物。

据今推测，爬行类动物时代大概持续了8000万年。若是用我们有限的知识来看待这无限漫长的世界，人们一定会以为，这种阳光灿烂、生机勃勃的好时光一定会长久地持续下去，那些爬行在沼泽中的恐龙以及展翅于空中的飞龙也将世代昌盛。但宇宙神秘的周期性规律所集聚起来的力量却开始改变这种看似永恒的安宁，于是生物的美好时光就这样结束了。

岁月交替，沧海桑田。地球与其说是停滞了，倒不如说是倒退了，环境变得极度恶劣，平原发生了巨变，山川河海也改变了旧有面貌。从地质记录中我们很容易看出，在长期繁荣昌盛的中生代衰落之后，随着环境持续的变化，新生物种也会发生剧烈的变化，于是一些新奇的物种就出现了。与此同时，那些旧有物种迫于灭绝的威胁，也都竭尽全力地让自己去适应这种新的环境。例如菊石类，就曾在中生代末期发生了许许多多异样的形态。在安定的环境中，很难看到物种有什么新的进化和蜕变，因为不需要改变什么来适应环境，所以它们往往是停滞状态的。不过在新环境下，旧有的物种备受打击，而新物种反倒可以抓住较好的时机，让自己传承生命并确立地位……

至此之后的岩石记录中断了，这一段长达数百万年的中断期就如同一块幕帘，使我们无法看清整个生物进化史的轮廓。当我们的视线扫向这块幕帘的后面时，爬行动物时代早已终结，恐龙、蛇颈龙、鱼龙、冀手龙以及众多的菊石类生物全都灭绝了。这些在中生代遍地都是的生物如今全都死亡殆尽了，也没留下任何后代，是寒冷灭绝了它们。看来它们为适应新环境而做出的变种都还不够完善，此后不再出现让它们再度繁荣起来的生存环境了。当时，地球所经历的恶劣天气，远远超出了中生代生物的承受范围，因此遭到了彻底的灭绝。而后，我们所看到的也是一种新的景象：一些新的、更顽强的植物和动物，主导了这个世界。

当生命的历史将翻开新的篇章时，全球依然处于荒凉和严寒之中。此后，靠落叶来抵御严寒的乔木、会开花的植物和灌木取代了以前的苏铁类和热带松柏类植物。而以前遍地的爬行类动物也被品种丰富的鸟类与哺乳类动物所取代。

第八章
哺乳类时代

> 宇宙的变化是无规律的，连续的，它的进程永无止境。历史永远不会重演。中生代生物与新生代生物之间的差别与它们的相似性比起来，意义更为深刻。

世界生物进化史接下来的时期便是新生代。这是一个地壳不断隆起、火山剧烈运动的时期。阿尔卑斯山、喜马拉雅山等巨大的山脉群以及落基山、安第斯山山脉都是在这一时期隆起的，地球上现在的海洋和陆地也是在这个时期形成了最初的轮廓。据推算，新生代大约距今4000万年到8000万年之间。

新生代初期，地球气候严寒。随后才日渐温暖，形成了一个物种极为繁盛的新时期。接着，气候又一次恶化，地球进入了极度寒冷的周期——冰河期。以此为起点，当今世界的形态开始慢慢地浮现出来。

可是，由于我们至今都没有找到当时气候变化的资料，所以也就无从预测以前气候变化的范围。或许地球上的阳光越来越强，又或许变得日益寒冷起来；火山与地壳的运动可能会变得剧烈，也可能会趋于平静，对此我们不得而知，相关的科学知识我们知道的还是太少。

新生代一开始，草就出现了，地球上第一次有了草原。那些不确切的哺乳类动物获得了全面发展，涌现了许许多多食草的哺乳动物。不过有意思的是，食肉动物也随之而来。

最初，这些早期的哺乳类食草、食肉动物与中生代食草、食肉的爬行类动物很相似，只有少数的特征不同。因此，一些粗心的观察者或许会以为此时开始的第二次温暖繁盛的漫长时代，不过是上一时代的反复，只不过是食草、食肉的哺乳类动物，取代了食草、食肉的爬行类动物，鸟类取代了翼手龙而已。其实，这根本是一种肤浅的比较。宇宙的变化是无规律的，连续的，它的进程永无止境。历史永远不会重演。中生代生物与新生代生物之间的差别与它们的相似性比起来，意义更为深刻。

楔齿蜥，又称喙头蜥，仅分布于新西兰科克海峡中的数个小岛上，是喙头目仅存的成员。额头有松果眼（又译作"顶眼"）的痕迹，是非常原始的蜥蜴，被认为是活化石。

这两个时期动物的所有区别中，最根本的区别在于它们心理生活的差距。在父母与其后代接触程度上而言，哺乳类动物及鸟类的生活与爬行类动物存在着本质的差别。除了少数的例外，爬行类动物产卵后都离弃它们，任其自行孵化。小爬行类动物孵出后，无法从父母那儿学到任何生存的本领与知识。它的知识来源，始终不过是独身一人的经历而已。虽然它们可以容忍自己同类的存在，但与它们却没有什么联系。它从不相互模仿，相互学习，也从不与它们合作。它是一种独立的个体生活。而新生的哺乳类动物和鸟类，则因为哺育和抚养与幼体之间形成了一种默契，从而使模仿与学习成为可能。也通过彼此警告的鸣叫或其他协同的行为，使它们彼此可以联系在一起，从而使控制和教育成为可能。就这样，一种可教育的生物便降临在地球上了。

胜王龙，生存于白垩纪晚期的印度，是种体型中型的肉食性恐龙，头部拥有独特的额角。

新生代早期中最早的哺乳类动物，它们脑的体积与更为活跃的食肉恐龙类相比，只有了少许增加。若

新生代巨犀

南美新生代哺乳动物

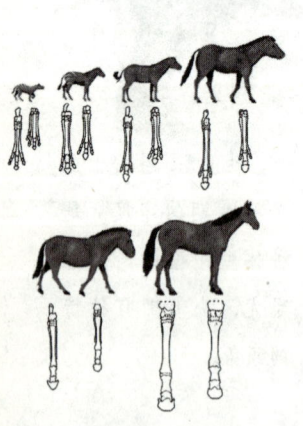

马的演化历程

我们继续沿着地质记录往下看，就会发现，任何种类的哺乳动物，它们的脑容量都在持续稳定地增长。例如在这一时期的最初期，有一种巨犀在习性与需求上，与现代犀牛极为相似，但它的脑容量却远远不到后者的十分之一。

早期的哺乳类动物似乎在哺乳期一结束，就马上跟子女分开，各自独立生活。不过，一旦它们有了相互之间的理解能力，它们保持联系的生存优势就显而易见了。接着，我们会很明显地发现，多种哺乳类动物真正的社会生活已经开始了。它们成群结队，彼此依靠，相互学习，并通过动作与鸣叫来传递信息。这样的情况在过去的脊椎动物时期是绝对无法看到的。爬行动物与鱼类之所以成群结队，那是因为它们被大量地孵化出来，一同生活在条件相同的环境中。而社会性群居的哺乳类动物，它们的联合群居并不是单纯的外部压力造成的，而是由于它们受到了来自思维深处的内部感应维系的。它们相聚于同一时间同一地点，并不是它们彼此相像才在一起，而是因为它们互相爱恋。

爬行动物的世界与人类的差异，很难让人们对它产生好感。我们无法想象爬行动物那些迅速而简单的本能动机：食欲、恐惧和仇恨。之所以我们无法理解爬行动物的单纯动机，在于我们人类的动机都是复杂的。人类的动机都较为均衡，我们更加注重结果，而绝非单纯的冲动。哺乳类和鸟类都有自控能力，并且顾忌同类中个体的习性，有社会性诉求，与我们低层次的标准还是很相似的。也正是如此，才使得我们与几乎所有的哺乳类和鸟类发生联系。当它们痛苦时，它们的哀叫或痛苦的抽搐会让我们也为之动情。我们通过相互的认识，并理解它们的痛苦，从而才能把它们驯养成为听话、忠诚的伙伴。

新生代动物的大脑异乎寻常的发达，这是新生代最重要的事实。它导致生物个体之间出现了某种新的交流和相互依存的关系，这预示着人类社会的即将出现，这些我们马上就会谈到。

随着新生代不断向前发展，与今天地球上的动植物越来越相近的动植物群得到了繁荣。例如巨犀以及各种丑陋笨拙的巨兽均已灭亡。同时，这些稀奇古怪的祖先逐渐进化出今天的长颈鹿、骆驼、马、象、鹿、狗、狮、虎等一系列动物。在地质记录史上，尤其可以看到马的进化过程。我们从新生代如同獏一样的原始马开始，有着一套完整的演变记录。另外，关于驼马和骆驼，我们也有比较精准的记载。

原驼，原住于南美洲的骆驼

第九章
猿、类人猿、原始人

> 在生物的不断发展的历史上,经过两次全盛时期——石炭纪沼泽期与爬行类时期之后的另一个全盛时期——中生代中期也结束了,于是地球又一次进入冰河时代。

根据解剖学上的相似性,而不考虑其他精神层面的因素,生物学家们把哺乳动物纲分成许多个目,排在第一的就是灵长目。这里面包括狐猿、猿、类人猿和人这些灵长类动物。

如今,我们很难从地质学记录去解释灵长类动物的历史。绝大多数灵长类动物都住在森林里,例如狐猿和猴;但也有的灵长类动物喜欢居住在裸露岩石的山地上,例如狒狒。正因为远离水面,所以它们很少被溺死而进入地质记录的堆积层。同时,它们为数不多的种类,导致它们几乎没有留下什么化石。不像马和骆驼的远祖那样数量繁多,出现了大量化石。不过我们知道,在新生代的早期,也就是约4000万年以前,已经出现了早期的猿类和狐猿类动物。它们的大脑还不是很发达,远远不如它们的后代。

在生物的不断发展的历史上,经过两次全盛时期——石炭纪沼泽期与爬行类时期之后的另一个全盛时期——中生代中期也结束了,于是地球又一次进入冰河时代。整个世界都变得异常寒冷,其间有过一次短暂的、忽冷忽热的间冰期。当气温重回温暖时,在亚热带雨林里嬉戏着许多的河马。而在如今记者们比肩接踵的舰队街（位于伦敦附近），有大量长着尖牙利齿的剑齿虎在寻觅猎物。尽管寒冷与温暖循环交替，大量喜温动植物遭到了灭顶之灾，但是，有些动物却适应了寒冷的气候，例如长毛犀，大象的近亲披着长毛的大猛犸象，麝香牛和驯鹿在北极活了下来。而后，数十个世纪过去了，在严寒的大冰冻期，北极圈的范围变大了，在英国，它延伸到泰晤士河；在美国，它延伸到俄亥俄州。虽然这期间有过数千年的温暖期，但很快便又回到了更为严酷的寒冷中。

1300万年前的古猿可能是人类的始祖。

地质学家把这些严寒时期分成第一、第二、第三、第四冰河期。把介于两个寒冷时期中间的温暖时期称做间冰期。而今天，在我们居住的地球上，仍然可以找到严寒的冰河时代所留下的痕迹。第一冰河期距今约60万年，第四冰河期的严寒在5万年前达到顶峰。就在这漫长的冰冻期，地球上的类人动物开始出现了。

剑齿虎，是大型猫科动物进化中的一个旁支，生活在中新世——更新世时期，为现代虎的始祖。

到新生代中期，各种与人类相似的猿出现在了地球上，它们长着与人相似的腭和腿骨。但是，直到冰河时代即将来临的时刻才发现这种类人动物的踪迹。当然，这些遗迹并非单纯的指遗骸，而是指它们曾经使用过的某些器具。在欧洲，大约在50万年到100万年以前的沉积岩中，我们发现了一些燧石与石片，显然，这些器具都是由某些有手的动物削制的，这些石头器具的边缘被打磨得非常锋利，应该是它们用来剥削、打击或者是战斗用的。地质学家们把这些东西称为"始石器"。但是，在欧洲并没有发现这些石器制造者的遗骸，或者别的什么遗物，只有这些石器而已。或许

猛犸象，是古脊椎动物，是世界上曾经最大的象，它们比今天的大象大2倍左右，重达8吨，曾是石器时代人类重要的狩猎对象。

砂犷兽，是犀牛、马与貘的亲缘动物，体型巨大，靠后腿和关节行走，利用长臂拉下高处树枝，而后吃上面的树叶。它们行动缓慢，大多数时间都在吃树叶中度过。

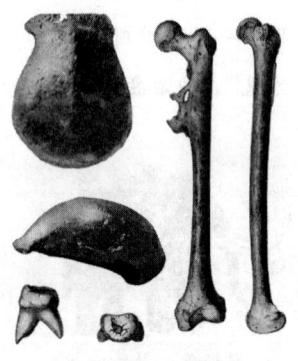

直立猿人的骨骼化石

这种动物压根儿就跟人类不是同一远祖，只是些大脑较为发达的猴子而已。不过在同一时期的爪哇特利尼尔地区，从那里的沉积岩里发掘了某种猿人的头盖骨、牙齿和骨头。从这种猿人头盖骨来看，它们极有可能是直立行走的，因为它们的头盖骨比现存任何类人猿的头盖骨都要大。这种行走的猿人，我们今天称之为直立猿人。而这些有限的骨化石，是我们今天仅有的，可以帮助我们猜测这些"始石器"制造者的唯一资料。

直到距今大约25万年的砂石层上，我们才发现原始人遗留下来的痕迹。在岩石记录中我们发现了大量的器具。不过，这些器具的质量已经得到了很大的改良，不再是那种粗糙的始石器，而是一些制造精美的器具。与后来发掘的原始人所造的同类器具相比，这些器具要大一些。接着，在海得堡的砂坑中人们发掘出一块近乎于人的腭骨，以及另一块没有下颔的腭骨。它们比真人的腭骨要重一些，也更窄一些。依此推测，此种动物的舌头还无法灵活转动，所以也就无法发出清晰的声音。科学家们根据这块腭骨的强度推断，这应该是一种长得像人，但体重很大，有着庞大四肢，且毛发浓密的怪物，它被人们命名为"海得堡人"。

我认为，这块腭骨显然是世界上最能激发起人类好奇心，同时也最使人费解伤神的东西。这就好比拿着一个坏的望远镜观察过去的历史一样。透过这块骨头，我们似乎看见它在寒冷的荒漠中缓缓前行，为躲避剑齿虎而四处攀爬，又时刻警惕着那些树林中的长毛犀。等到我们即将要看见它们的真面目时，却忽然消失得无影无踪，留给我们的只是一些大量深埋在地下的器具。

更让人感到意外的是,在苏塞克斯的皮尔丹沉积岩里,发现了一种距今有10万年至15万年的动物遗骨。有的学者认为,这些动物生活的年代应该比海得堡人要更早的年代。科学家们从这些遗骸中发现了一块近似于人类的头盖骨,比现存的类人猿的头盖骨都要厚要大。这其中有一块骨头与黑猩猩的腭骨非常相似,但人们无法确定这到底是属于它的哪个部位。还有一块蝙蝠形状的大象骨,显而易见,这是受过加工的,上面有一个人工钻成的小孔。另外,还发现了一块刻着符号的鹿的大腿骨,像是祭祀用的符杖。这些就是在比尔特丹的所有发现。

这种坐在地上,可以在骨头上打孔的,究竟是一种什么样的动物呢?

科学家们称之为原始人。原始人不同于它的近亲,也与海得堡人和现在任何的类人猿极为不同。从此,关于这种原始人的任何遗迹,再也没有任何发现。不过值得欣慰的是,在这之后的近10万年的沙砾层和沉积层中,所发掘的燧石和石头器具的种类越来越多,这些工具不再是粗糙的"始石器"。至少考古学家们已经可以分辨出它们是削刮刀、钻子、小刀、矛、投石和石斧……

至此,我们的祖先已经越来越像人了。在下面的篇章,我们将讲述全部人类先驱中最奇特的尼安德特尔人,这种人与人极为接近,然而又不完全是人。

不过,在这里我要声明一点:迄今为止,依然还没有任何一个科学家承认这些动物——海得堡人——就是我们现代人的祖先,它们只不过是人类的其他种族罢了。

第十章
尼安德特尔人和罗德西亚人

> 与动物们一样,尼安德特尔人也是这样生活的,他们漂泊着不断迁居,寻觅着食物:小动物、野果子和植物根茎。

在第四冰河时代最寒冷的时期,也就是距今大约5-6万年以前,地球上居住着一种与人类异常相似的动物。由于与人类过于相似,所以直到几年以前,这种动物的遗骨还被当成是人类的骨头。它们的头盖骨和其他骨骼全都被我们发现了,并且还发现了一大堆它们制做和使用过的工具。它们已经学会了生火,并且知晓居住在山洞中防御严寒,或许它们还学会了把剥下来的兽皮穿在身上保暖。跟我们一样,它们也习惯用右手劳动。

即便如此,人类学家们仍然不承认它们是真正的人类,它们只不过是和我们属于同一属中的不同种类而已。它们的模样与我们现代人还是很不一样的,下颚很厚并且突出,前额低平,眉骨向上隆起,拇指不像人类那样与其他手指相对,尤其是脖子非常奇特,无法向后扭转,也无法仰望天空。它们走路时应该是头低垂着的,头向前低倾。它们无颔的腭骨跟海得堡人的腭骨非常相似,与人类存在明显的差异。它们的牙齿也跟我们人类的牙齿完全不同,它们臼齿的结构要比人类的更复杂。注意,是更复杂而不是更简单。它们的臼齿不像我们人类的臼齿那样有长长的牙根,人类所特有的犬齿它们也没有。它们头盖骨的容积与人类不相上下，不过它们的后脑要比我们的大，而且前脑也比我们的要低。当然，在智商上面，它们完全不如我们。它们并不是人类一脉相承的祖先，不论思想上还是生理上，它们完全属于另一谱系。

由于这些早已灭绝人种的头骨与其他骨骼是在尼安德特尔被发掘的，所以就把这种奇特的人种命名为尼安德特尔人。或许它们已经在欧洲生息了很长时间。

那时候地球上的气候与地貌，与现今的大为不同。比如欧洲地区就被冰雪完全覆盖，从南部泰晤士河一直到德国和俄国中部地区全是一派冰天雪地的景象；英国与法国之间还没有出现海峡；而地中海和红海都是巨大的山谷，只有在某些低洼处，分布着一连串湖泊；一个巨大的内海，从今天黑海的位置开始，穿过俄国南部直达中亚；虽然西班牙和整个欧洲在实际上并没有被冰雪完全覆盖，但当时的气候并没有比拉布拉多半岛好到哪去，简直还要恶劣不少。从北非再往南走，气候才变得温暖。那时候，在长着耐寒植物的欧洲南部大草原上，经常能发现长毛象、长毛犀、大野牛和驯鹿这些动物的影踪，显然，它们是为了生存下去，才在追逐着水草丰美的地区迁徙，它们春天向北方前行，秋天又回到南方，漂泊不定。

与动物们一样，尼安德特尔人也是这样生活的，他们漂泊着不断迁居，寻觅着食物：小动物、野果子和植物根茎。根据推测，他们是素食者，因为从他们平整细密的牙齿来看，他们主要嚼食嫩树枝和根茎。但是，我们却又从他们居住过的洞穴里，发现了巨型

尼安德特尔人，简称尼人，因其化石最早发现于德国尼安德特河谷而得名。

尼安德特尔人复原图

尼安德特尔人的头盖骨

克罗马农人复原图

动物的长骨,这些骨头无一例外全被砸碎,里面的骨髓被吸得一干二净。可是他们制造的武器根本不能与巨兽对搏;想必他们是在趁野兽艰难渡河时,利用有利时机对它们进行攻击,甚至有可能设置陷阱来捕捉野兽。他们也有可能是跟踪兽群,捕食那些在野兽格斗中的死伤者,或者依靠那时还没灭绝的剑齿虎,坐享其成。根据推测,冰河时期的气候恶劣,长期吃素无法生存,于是他们不得不开始袭击野兽了。

尼安德特尔人的外貌直到现在,我们仍然无法弄清楚。也许他们浑身是毛,与人的模样完全不同。甚至他们能不能直立行走都还是个疑问。为了支撑身体,他们也许手足并用。他们多半可能独行,或者是和小家族群一起行动。从他们腭的结构看,他们说的语言,与我们今天所使用的语言完全不是同一个概念。

在数千年的时间里,在欧洲出现的最高等动物或许就是尼安德特尔人。直到距今约3-3.5万年的时候,随着气温逐渐温暖,一种更聪明,懂得更多,会说话,可以协同合作的同类物种出现了,他们从南方来到了尼安德特尔人的地盘,并且把他们从洞穴里驱赶出去,与他们竞争着同样的食物。或许就是他们发起了残酷的战争,并且灭绝了尼安德特尔人。

于是尼安德特尔人就这样被这些来自南方或东方(由于我们至今也无法确定他们的发祥地)的占领者灭绝了。这些人种与我们有着同样的血液和皮肤,他们就是最早的真人。从解剖学角度看,他们的头盖骨、拇指、颈项、牙齿与我们的完全一样。在克罗马农洞穴和格里马第洞穴里,我们发现了一些碎骨,这是至今为止，人们发现的最早的真人遗骸。

在岩石记录中，人类就这样横空出世了，而人类的历史，也就从此开始了。

那时的地球，气候虽然依旧十分严峻，不过却日益趋向于我们今天的气候，变得越来越好了。在欧洲，冰河时代的冰川开始撤退。在法国与西班牙，随着植被日渐繁茂，驯鹿逐渐被马匹替代。而南欧也鲜有猛犸的踪迹，最后全都迁徙到北方去了。

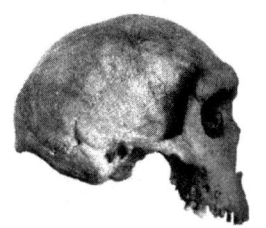

罗德西亚人头盖骨。罗德西亚人可能是长者智人的祖先。

现代人类的祖先发源地我们始终无法确定。不过在1921年的夏天，非洲南部的布罗肯希尔地区发现了一个极有趣的头盖骨和一些碎骨片。根据它们的特征判断，这些遗骸应该是介于尼安德特尔人与人类之间的第三种人。他们的脑部与尼安德特尔人正好相反，前大后小，头骨与人类一样完全直立于脊椎骨上面。与人类相近的还有牙齿和骨骼。不过脸型倒是很像类人猿，突出的眉骨非常明显，头骨中部隆起，这种动物实际上已经是真正的人了，只是长着与尼安德特尔人一样类人猿的脸型。这种罗德西亚人比尼安德特尔人更接近人类。

罗德西亚男人复原图

罗德西亚人的头盖骨，或许是继尼安德特尔人之后，第二种关于亚人类一系列的发现。这些亚人类在地球上生存了很长时间，从冰河时代开始一直延续到真人（他们共同的后代，或许也是他们共同的埋葬者）出现。罗德西亚人的头盖骨或许并不十分古远，但是他们生活的大致年代直至本书出版时，都没有一个准确的结果。这种亚人类动物直到近代还生活在非洲南部。

第十一章
最早的真正人类

> 约4万年前的这些原始人已经具有了人的特征。他们把捡来的贝壳打上孔,然后串联起来做成项链,并且在身上涂抹上颜色,用骨器或石器在岩石与骨片上,甚至在洞穴光滑的石壁上划刻出一些图形,在显眼处的岩石上绘制一些简单,但却非常生动的动物写生。

在欧洲,特别是在法国和西班牙,最早人类的痕迹和遗物被屡次发现,并且科学也已证实,遗留这些痕迹的,确实是跟我们有亲缘关系的最早人类。在这两个国家,随处都能发现骨胳和武器在骨头和岩石刻划的痕迹,以及岩石上有绘画的洞穴等,它们存在了3万年或更久的时间。可以这样说,如今的西班牙是世界上保留人类祖先遗物最多的国家。

当然,收集这些遗物,对我们来说还只是个开始。我们希望未来能有更多的学者对相关问题进行资料收集,并探明结果,希望能有考古学家进入那些如今还不能进入的国家进行考察。时至今日,非洲与亚洲的大部分地区仍然未被我们自由地探索过,所以我们在作出结论时,应该更为严谨,不能过早地认为,早期真人是西欧居民,或者说他们最早出现在这个地区。

在亚洲、非洲和某些如今已沉入海底的地区,或许存在着比今天所发现的还要丰富、还要久远的早期真人遗物。我之所以只提到亚洲和非洲,而不提美洲,那是因为迄今为止,我们在美洲关于灵长类动物的踪迹,依然没有任何发现,既没有大类人猿、亚人类、尼安德特尔人,也没有早期真人。生物的发展,似乎仅限于旧大陆之上。到了旧石器时代末期，人类才得以通过今天已被白令海峡所隔断的陆路，来到美洲大陆。

我们在欧洲发现的最早真人，似乎属于两种以上的不同种族。事实上，其中的一种已经十分高级。他们身材高大，大脑智商很高。其中一个女性的头骨，脑容量居然超过了今天男人脑容量的平均值。另一具男性骨骼，高度超过6英尺（1.83米），体型与北美的印第安人很相似。这些骨骼最早是在克罗马农的洞穴中发现的，所以把他们称为克罗马农人。他们是原始人，不过却是高级的原始人。另一个人种的遗迹，是在格里马第某个洞穴中发现的。从体型相貌上看，他们多属于黑人，今天非洲南部的布士曼人、霍屯督人是他们的近亲。从人类一开始出现，人类至少被分成两个主要人种。我们以为：前一人种或许是褐色而非黑色，他们来自北方或是东方；后一人种是黑色而非褐色，他们来自赤道以南，不过，这或许是我们的臆测而已。

约4万年前的这些原始人已经具有了人的特征。他们把捡来的贝壳打上孔，然后串联起来做成项链，并且在身上涂抹上颜色，用骨器或石器刻在岩石与骨片上，甚至在洞穴光滑的石壁上划刻出一些图形，在显眼处的岩石上绘制一些简单，但却非常生动的动物写生。他们制作出的器具比尼安德特尔人制造的更小巧，种类也更丰富。博物馆里收藏了大量他们制造的这种器具、雕刻、岩石画或其他物品。

早期的原始人靠打猎维持生计。一种长有胡须的小型野马是他们主要的追逐对象。野马随牧草而居，猎人们也跟随它们的踪迹迁徙。除此以外，野牛也是

克罗马农人，属于晚期智人，远在距今3万年前，寿命不长（平均寿命不超过40岁），生活在欧洲。

原始人用来做项链的贝壳

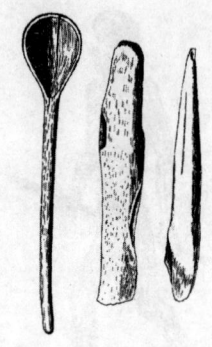

原始人的骨制器具

科西嘉马鹿

他们捕杀的对象之一。从他们给我们留下的壁画中，我们了解到他们也跟猛犸交过手。从一幅模糊不清的绘画中我们推测，他们靠布置陷阱来捕杀猛犸象。

梭镖是他们狩猎的主要工具，或许是还没有弓箭，所以投掷石头也是打猎的方法之一。我们无法判断他们是否已经学会驯养动物。我们曾经发现过一个马头雕像和一两幅画着带缰绳的马的绘画。马身上的缰绳或许是用兽皮或兽筋做成的。只是当时这一地区的马，体型很小根本无法骑人，所以，即便这些马真被驯养过，那也只是为了托运猎物或者物品。他们似乎还没有学会喝动物的奶。

即使他们当时已经学会了搭建兽皮帐篷，可是却依然不会建造任何房屋；虽然学会了制作黏土塑像，却还不会制作陶器。由于还没有炊具，所以他们煮食的方法肯定非常原始，或者根本就不会吃熟食。他们不会耕种，也不懂编织和织布，除了用兽皮包裹身体外，他们还往自己赤裸的身上涂抹颜色。

这些我们所知的最早人类，在欧洲广阔的草原上捕杀野兽以维持生计，而这种生活方式持续了1万多年。以后，随着气候的变化，而不断漂泊、迁徙。一个世纪接替一个世纪地过去，欧洲的气候也逐渐变得温暖而湿润。随后，驯鹿也开始向北、向东撤退，野牛和野马也向同样的方向撤退。草原被森林所取代，野牛与野马也被赤鹿所取代。以此相应的是，早期人类的器具也随着使用功能而发生转变。从江河湖泊捕捞鱼虾，是男性人类的一项重要任务，同时，制作精巧的骨制器具也随之有所增加。"这一时期的骨针"，迪·

莫泰里曾经如此说道:"要比后来的更为精美,甚至比文艺复兴以前历史的任何时期都要精美。例如罗马人,他们任何时期拥有的针都无法与这一时期相媲美。"

到了大约1.5万年至2万年前,一种新人种迁徙到了西班牙南部,他们在裸露的岩壁上遗留下来大量令人惊叹的绘画。他们便是阿济尔人(以生活在马斯·阿济尔洞穴得名)。他们拥有弓箭,或许头上还戴着羽毛饰物。他们早期的绘画栩栩如生,后来逐渐向简单的符号转变,例如一个人,便用一根竖线和两、三条横线来表示,这预示着文字观念开始萌芽。除了绘制狩猎图画外,他们偶尔还画一些符号类的图样,例如其中有幅画就展现了两个人在用烟熏一个蜂巢。

这些人由于还只是使用削制而成器具,所以他们只能算旧石器时代的最后一批人。直到1万年至1.2万年前,一种新的生存方式出现在了欧洲,这批人不仅会削制器具,而且还会研磨石器,耕种也随之出现,于是,新石器时代开始了。

有趣的是,一个世纪前,在地球上一个偏远的地方——澳大利亚的塔斯马尼亚,还残存着一种人类。他们的体力与智力,与在欧洲留下痕迹的早期人种相比,都更低下。由于地理上的变迁,这些塔斯马尼亚人很久以前就与世隔绝,使外界的进步无法刺激他们,改变他们。他们非但没有进化,反而在不断退化。当欧洲探险家们发现他们的时候,他们还在以贝类和小野兽为食,甚至都没有住所,只会独自蹲坐在地上;虽然他们与我们同样是人,但他们却没有早期人类所具有的技巧性,也不具有艺术性。

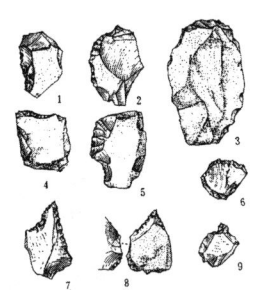

刮削器

塔斯马尼亚人,是澳大利亚东南部塔斯马尼亚岛的土著居民。

第十二章
原始人的思想

> 儿童的梦魇、想象和恐惧比成年人的更加生动,且更具有现实性。从这一点来说,原始人的思维与我们现代儿童的思维极为相似。不但如此,原始人与动物也十分接近,他们认为动物也有着与自己一样的动机和情感,所以,他们也经常把动物想象为伙伴、敌人或者神。

现在,让我们来进行一个非常有趣的猜测:在人类冒险历程的最初时期,他们是如何意识到自己是人的?4万年前,人类还不懂耕种与收获,只靠狩猎为生,在四处飘流迁徙的日子里,他们是否有着思想?又在细想些什么呢?由于还没有文字,而文字出现的年代距离这个时代还非常古远,所以,我们只能依靠传说和推测来回答这些问题。

为了了解原始人的心理状态,科学家们采用了各种方法。近些年来,精神分析学发现,为了适应社会,儿童在成长过程中会逐渐限制、压抑和掩盖自己的本能欲望。这种学说的研究成果,似乎为史前社会历史的研究带来了启发。而另一种行之有效的方式,就对那些如今依然存在且未开化的野蛮人,以及他们的心理状况与生活习俗加以研究。同时,在现代文明社会依然流传的民间传说,以及那些荒谬却深入人心的偏见,也包含着大量人类的精神化石。最后,我们还可以研究大量的绘画、雕塑、雕像、符号,从而找到答案。离我们的时代越近,这些东西就越多,因此,我们也可以越来越清晰地知道他们对什么事物感兴趣,什么事物最值得记录或再现出来。

氏族，产生于旧石器时代晚期，一般作为部落的成员而存在。其成员有一共同祖先或有一想象的共同祖先，他们往往用一种动物或植物作为本氏族的图腾标记。

原始人的思维与儿童非常相似，换言之，就是一连串富于想象力的画面。他们心中所涌现的想象画面，或进入他们思维的画面，经常能引起某种情绪波动，从而支配他们的行为。而现在，那些儿童或者未曾启蒙的人也都是如此。显然，在人类经验中，系统的思考能力发展得比较晚。3000年以前，非系统思维一直是原始人类主要的思维方式。即便到了如今，依然只有少数人可以控制自己思维、按自己思维行事，而多数人则凭借想象和激情生活。

在原始人类初期，构成社会的或许还是以家庭为单位的小群体，早期的部落也是以这种方式建立起来的。不过，如果要建立起这种部落，则必须要以对个人的自我中心意识加强约束和控制。这就需要在日常生活中要对父亲抱有畏惧、对母亲抱有尊敬，同时部族中的年长者要承担平息正在长大成人的男孩们心中的傲气。另一方面，母亲是孩子们天然的劝教者和保护者。人类的社会生活之所以能够前进，得益于两种对立的趋向同时发展，一种是孩子长大成人独自远行的趋向；另一种是害怕因孤立无援而相互帮助的趋向。天才的人类习学家J·J·阿特金森在他写的《原始法》中，对未开化民族的风俗习惯和禁忌一一作了介绍。这是原始部族社会中非比寻常的事实，它被看成是原始人进入社会生活时所必须具备的精神约束。后来的精神分析学家们进一步的研究，也证实了他所作的解释。

一些注重理论的作家试图让我们相信，原始人对部落老者的敬畏，以及对老年女人或保护这一的情感反应，往往在梦中被夸大，或者在幻想的心理活动中得到丰富。这些就是原始宗教早期的主要内容，男神与女神的概念也得以形成。即使这些伟大的、仁爱的人死后，部族也仍然对他们心存敬畏，这是因为他们仍在众人的梦中出现。这种细想非常容易让人以为他们并不是真的死去，而是极为神秘地移居到了一个遥远的，具有非凡力量的地方去了。

儿童的梦魇、想象和恐惧比成年人的更加生动，且更具有现实性。从这一点来说，原始人的思维与我们现代儿童的思维极为相似。不但如此，原始人与动物也十分接近，他们认为动物也有着与自己一样的动机和情感，所以，他们也经常把动物想象为伙伴、敌人或者神。如果你想切实体会那些奇形怪状的岩石、树疖，以及盘根错节的大树，对原始人来说何等重要、何等敬畏、何等珍贵、何等神圣，或者你想知道关于这些东西的梦与想象是如何被炮制成令人信服的故事与传说，那么你必须要像孩子那样具有丰富的想象力。这其中的某些故事非常容易记忆，并且容易复述，女人们就会把它们讲给孩子听，最后就成为了传说流传了下来。今天，那些富有想象力的孩子常常喜欢以自己的玩偶、小动物或者一些半人半兽的东西作为主人公，给他们编造一些很长的故事。原始人或许也是如此，但是他们比孩子更容易相信自己创造出来的英雄是真实存在的。我们如今所知道的早期人类，或许早已经十分擅长交谈了。凭此一点，他们就已经与尼安德特尔人截然不同了，他们要比尼安德特尔人更加高等，因为尼安德特尔人可能还处于一种无声状态。当然，原始人的语言，或许还只是一些并不完善的名词，他们还需要依靠手势和动作来加以补充。

世界上无论如何低等的原始人，都会有自己的一种因果知识。不过，原始人对因果关系没有分析能力，以至于他们经常把一个非常简单的结果，与一个风马牛不相及的原因联系在一起。他们总是这样思考：你这样做，就会有那样的结果。例如你给孩子吃了一种毒果子，孩子就会死去；而你吃了强大敌人的心脏，那你就会变得更加强壮。这两个因果关系中，前者是正确的，后者显然是错误的。我们把原始人心中的这种因果关系称做"迷信"，迷信只是原始人的科学，它与现

原始人的思想
第十二章

代科学的不同点，就在于它是非系统的、非批判的，因此也经常是错误的。

通常情况下，人们把原因和结果联系起来并不是特别困难；即使是在一些特殊场合，错误的思想也会被经验很快地纠正过来。可是，有些事情对原始人来说非常重要，尽管他们已经竭尽全力去探明原因，但作出的解释却往往是错误的。而错误的程度又不会让他们轻易地发现自己是错误的。对他们来说，重要的事情无非就是，可以轻易地捕获到丰富的野兽和大量的鱼虾，他们觉得想要得到这些成果，就必须要成百上千次地念咒和卜测，从而才能得偿所愿。生老病死对他们而言也是一件重要事情，有的时候，人们会因为传染病蔓延而大量死亡；有的时候，人在没有明显的症状下就得病死去或者浑身无力地衰竭。这类事情的发生经常导致原始人激动、伤感，从而做出一些狂热的行动。梦或幻想式的猜测使他们时而诅咒某个人、某种动物，或某种物品；时而又向某个人、某种动物、某种物品乞求帮助。原始人就如同儿童一样，容易感到恐惧和危险。

在古老的小部族群体中，那些年长稳重的人，虽然也有着普通人一样的恐惧和想象，但由于他们比别人更为强大，所以他们必须要表现出临危不惧，处乱不惊的姿态。他们总是去告诫、指导或命令族人应该如何应对，因为，他们拥有对一切现象不祥、危险、吉兆或凶兆的解释权。迷信的领袖和会念符咒的人就是最早的祭司。他负责训诫、解梦、预言，并且还要施演趋吉避凶的巫术。原始宗教根本不是我们现今意义的宗教，其实是一种习俗和仪式；原始祭司所传授的，也无非是一些自以为是的实用科学。

原始社会陶器的图案

早期巫术图

第十三章
耕种的开始

> 在我们现代人看来,耕耘、播种、收割、晾晒、磨粉是再平常不过的生产过程了,甚至有人会反问:不这样,难道还能是别的样子吗?然而对2万年以前的原始人来说,我们现在认为理所当然的顺序和道理,他们仍然茫然不知。

近50年来,尽管我们花费了大量精力去考察和研究人类早期耕种和定居的问题,但至今所知仍然寥寥无几。而唯一可以让我们肯定的是,大约在公元前1.5—前1.2万年之间,西班牙南部的阿济尔人,仍然以打猎维持生计,随后便不断向北方和东方迁徙。与此同时,在北非或西亚,也可能是在如今已被地中海淹没的地中海大谷,有一批人种,他们祖祖辈辈在干着两件重要的大事情:耕种土地与驯养动物。除了继承祖先们制作器具的方式之外,他们已开始磨制工具了。他们发明了用植物藤条编制笼子和篱笆,而且还学会了如何制造陶器。

这代表着人类文明跨入了一个新的时代,这就是与克罗马农人、格里马第人和阿济尔人生活的旧石器时代有很大区别的新石器时代。这些新石器时代的人,慢慢地向地球上温暖的地方迁徙扩张。他们先进的器具制作技术,以及对动植物驯养的方法被其他民族的人们模仿和学习,在世界上广泛传播开来。公元前1万年,大多数人类都达到了新石器时代的水平。

在我们现代人看来,耕耘、播种、收割、晾晒、磨粉是再平常不过的生产过程了,就如同说地球是圆的一样毫不稀奇。甚至有人会反问:不这样,难道还能是别的样子吗？然而对2万年以前的原始人来说，我们现在认为理所当然的顺序和道理，他们仍然茫然不知。虽然他们经过了无数次的尝试，无数次的失败，以及错误的猜测和臆想，但是却总是徒劳无益地流汗。在地中海地区的某个地方，曾有野生小麦，那里的人们似乎在学会播种以前就懂得把它捣碎、磨成粉后当做食物。换言之，人类懂得收割，是在播种之前。

有一件必须需要注意的事情：在世界上，哪里存在着播种与收割，哪里就会发现播种的观念与血祭的思想强烈而野蛮地结合在一起。对于某些具有强烈好奇心的人而言，研究这种结合的原因，具有非凡的魅力。感兴趣的读者，可以查看J·G·弗雷泽不朽的著作《金树枝》，里面对此作了全面的论述。我们应该记住：这是一种幼稚的、梦幻的、生活在神话之中的原始人心中的纠缠。对于这种想象，如果我们用常规的方法进行推理，是无法得到答案的。在1.2-2万年前的世界里，每当播种的季节来临，新石器时代的人类就要用活人来做血祭。这些被用来牺牲的人，并不是出生卑贱的或是被逐出的人，通常是一些经过精心挑选的青年男女。这之前，这些青年男女都备受尊崇，他们认为是牺牲的神或王。长此以往，这就逐渐形成了一种仪式，并且规定由年长者主持。这种仪式在经历了数代人的严格遵守之后，已经得到了人们的认可。

最开始，季节概念在原始人的意识里是极为模糊的，为了确定合适的播种时间和祭献活动，他们曾经一定大费周折。我们有理由相信，在人类历史开始的阶段，一定有段时期，人们没有形成"年"的概念。

新石器时代，是石器时代的最后一个阶段，以磨制石器为主，大约从1万年前开始，结束时间从距今7400-2200多年不等。

青铜农具（镰）

耕种土地用的铁铲

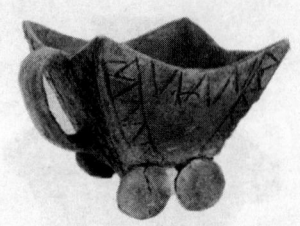

新石器时代的盆子

新石器时代的农具

英国新石器时代的斯卡拉布雷遗迹

最初的年代记录是以月亮的一次圆缺为一月来计算的。依次我们可以认为，圣经中记载的那些最年长者的年龄，实际上把一个月当成一年来计算的。这种迹象在巴比伦历法中也能找到记载：为了计算播种期，人们用13次的圆缺作为一个循环周期。这种历法对今天依然有影响。若不是由于习惯使我们的感觉变得迟钝，那我们就一定会注意到一件很奇怪的事情：基督教复活节的日期为什么每年都不是在一个固定的日期，因为它就是根据月亮的亏盈每年都变换着日期的。

早期的农业是否注意星象，这一点还很值得商榷。平常认为最早开始观察星象的是游牧民族，因为他们可以用星辰来确定方向。但是，人类一旦懂得了运用星象来确定耕种季节，那么星象对农业的重要性就显现出来了。当他们发现播种时期的祭献总是跟某个南方、北方的星辰有关联时，于是对这颗星辰的崇拜和神话也就成为理所当然的事情了。

由此我们不难想象，那些对星象熟悉并有智慧的人，在新石器时代早期，他的地位是何等的重要。

早期人类对污秽的害怕心理，以及对于清除恐惧的诉求，使得某些见多识广的男人或女人获得了某种权利。因此原始社会一直都有男巫和女巫、男祭司和女祭司存在。当时的祭司，还并不是现在意义的神职人员，他们更像是应用科学的人。这种源于经验的科学，通常还具有着强烈的迷信色彩。为了不让一般人掌握这种科学，他们时常谨小慎微，但是却无法改变这样的事实：祭司的职责所在是拥有知识，并且要在生活中实际运用。

1.2 -1.5万年以前的原始社会，但凡是温暖且水源丰富之处，都有着男女祭司的等级和传统，有着耕种的田地和小村落，并且有着简单城墙且正在发展的小城镇。随着时间的推移，各个小城镇之间，交流思想并且传播。这种早期农业居民的文化被埃利奥特·史密斯和里弗斯称为"日石"文化。或许日石文化这个名称并不恰当，不过在学者们还没有找到一个更贴切名称之前，我们也只能是暂用这个名词了。始于地中海地区或者西亚的这种文化随后慢慢向东流传，年复一年，沿着一个个岛屿，跨过太平洋，终于传到了美洲。在这里，它又与那些更为原始的来自北方蒙古系部族的生活方式融合在一起。

不管这些有着太阳石器文化①的褐色种族走到哪里，都必然带去丰富的奇思妙想以及匪夷所思的生活方式。有些过于奇怪的思想，只能依靠心理学家来进行解释了。或许是为了让祭司能更好地观测天象，他们建造了巨大的金字塔和陵墓，用巨石建筑出大圆塔。尸休全都被他们制做成木乃伊。他们纹身、行割礼，并且还盛行"父代母育"的风俗，即妇人在分娩时，让丈夫卧床绝食。他们还创造出象征幸运与吉祥的"卍"字纹饰。

如果我们想从地图上标志出盛行以上风俗的地区，那我们就应该沿着温带与亚热带画一条线，它经过英格兰的巨石柱群，到西班牙，并横贯世界直至墨西哥、秘鲁。不过，赤道以南的非洲、中北部欧洲和北亚将不包括在里面，在那里，实际生活着另一支特立独行且正在发展的种族。

---

① 太阳石器文化：指人类历史的某一时期，是一种特殊类型的新石器时期。

第十四章
新石器时代的原始文明

> 有时候,人们会不合时宜地随便使用人种一词,并且由此作出大量荒唐的结论,那些经常宣扬什么"英吉利人种"、"欧罗巴人种"的欧洲人,实际上并不知道几乎所有的欧洲人,都不过是褐色人、深肤色白人、浅肤色白人和蒙古人等人种的混合后裔。

  大约在公元前1万年左右,地球的地理轮廓大体上已经与今天相差无几了。由于岁月的侵蚀,当时截断直布罗陀海峡的巨大天然堤坝,没能堵住来自地中海大谷的海水,使地中海形成了与今天相似的海岸线。当时的里海比现在的或许更宽阔,它与黑海连成一片,一直蔓延到高加索山脉的北部。中亚沿海地区的地貌,当时还不是今天这样的一片草原和沙漠,而是富足宜居的地方。换而言之,地球当时还是较为湿润富饶的星球。在俄国的欧洲部分,当时分布着非常多的湿地和湖泊;而连接美洲与亚洲的白令海峡,当时还是一片陆地。

  如今我们所认识的各种主要人种,想必在当时已经可以非常明显地辨别出来了。在比今天更温暖,水草更丰盛的温带地区,居住着有着太阳石器文化的褐色种族,他们就是现在居住在地中海沿岸的柏柏尔人和埃及人的祖先。这一种族进化出了大批价值观不一样的分支,例如大西洋和地中海沿岸的伊比利亚人、地中海人、深色白人等人种,包括柏柏尔人和埃及人的哈姆族人、特拉维达人、东印度人和大部分肤色更深的印度人,以及多种玻利尼西亚人种、毛利人种等等。该人种西部的分支要比东部的肤色更白。生活在欧洲中部和北部森林里的北欧民族，有着暗褐色的皮肤，以及浅蓝色眼睛，他们便是这一人种的重要分支。在亚洲东北部的开阔地区，有着另一分支——蒙古族，他们普遍眼角上吊，颧骨突起，皮肤呈黄色，毛发是黑色的，且质地较硬。在非洲南部和澳洲，以及亚洲南部的许多岛屿上，依然残存着原始黑人的后裔。而非洲中部则成为多种族杂居地区。今天非洲所有的有色人种，几乎全是黑色人种与北方棕色种族遗留的混血后代。

浑身盔甲的雕嘴兽复原图

我们必须谨记，人类所有人种全都可以自由杂交，就好比天上的云那样，先是分离，然后又掺杂混合，最后又重新结合；而绝非像树上长的枝杈一样，分开后就再也不能结合到一起。我们心中应该随时记住：人种一有机会，就会重新融合。如果我们能够明白这个道理，就可以放弃许多偏见与错误。有时候，人们会不合时宜地随便使用人种一词，并且由此作出大量荒唐的结论，那些经常宣扬什么"英吉利人种"、"欧罗巴人种"的欧洲人，实际上并不知道几乎所有的欧洲人，都不过是褐色人、深肤色白人、浅肤色白人和蒙古人等人种的混合后裔。

大懒兽，是地球历史上最大的地懒，是南美洲大陆最大型的哺乳动物之一，生活在更新世中，后灭绝。

当人类历史进入到新石器时代时，蒙古系人种首次登陆美洲。显而易见，他们是通过白令海峡到达的，之后又向南方不断推进。在北部，他们发现了大批美洲驯鹿，在南部，发现了大群的野牛。他们到达南美的时候，那里还生存着巨大的犰狳类动物——雕齿兽，和一种体型如同大象的奇异怪兽——大懒兽。后者或许是由于体型过于庞大，而本身又没有强大的力量而灭绝了。

大部分美洲部落的生活，一直都没能超越新石器时期狩猎游牧的生活水平。他们从来没有发现过铁的用途，使用的金属还只是局限在天然的金和铜。不过在墨西哥、尤卡坦和秘鲁，由于环境适于居住和耕作，所以到了公元前约1000年的时候，这里出现了可以与旧世界文明相媲美，但形势却又完全不同的一种有趣文明。与旧世界早期的原始文明一样，这里的社会群体也发展出了在播种与收获过程中用活人做牺牲的祭献。不过，在旧世界中，这种原始观念最后呈现递减的趋势，而且被复杂化，随后被其他观念所取代。但在美洲，这种观念得到了发扬光大，而且被一种极为强烈的情绪所渲染而付诸实现。换言之，这些美洲的文明国家，实质上是由祭司所控制的宗教国度。而那些战争领袖和世俗的主宰者，实际上都被严格的法律与预言所控制。

天文学被那些祭司发展成为一种具有相当精确性的高水平科学。关于历法的认识，他们要比我们马上要讲到的巴比伦人更为精确。在尤卡坦，他们创造了一种独树一帜而又莫名其妙的文字——玛雅文字。根据我们今天所能理解的程度而言，这种文字是专门用来保存祭司们费尽心思创造出的历法而创造的。大约到了公元700年至800年左右，玛雅文明的艺术登上了巅峰。他们在这一

刻有玛雅文字的石碑。玛雅人是美洲唯一留下文字记载的民族，玛雅文字出现在公元前后。

时期所创造出来的雕刻，以它强大的创造力和美轮美奂的立体感令现代人折服不已；同时它那诡异和奇妙的特征，所表现出来的复杂寓意而使现代人困惑费解。在旧世界里再也找不到第二种与它类似的物品。只有在古印度的一些雕塑上找到了与之接近的图案，可这些仍然离我们十分遥远。所有的物品无一例外全都雕刻着鸟与蛇纠缠的纹饰。许多玛雅人的雕刻，与旧世界的所有作品比较起来，倒更像是欧洲疯人院的神经病患者所涂鸦的抽象画。玛雅人的精神文化，似乎是沿着一条与旧世界截然不同的轨道发展的。以旧世界的标准来衡量玛雅精神，他们的思想全都是不合常理的。

玛雅日历盘。玛雅日历是一套以不同历法与年鉴所组成的系统，为哥伦布时期前中美洲的玛雅文明所使用。这些历法以复杂的方式互相同步，并紧密结合，形成更广泛、更长远的周期。2012年，美国考古学家在危地马拉玛雅文化遗址中发现了最古老的玛雅天象表，记录着天象和日历。

从他们极度崇拜鲜血，并热衷于流血这一事实上而言，这种偏离正轨的美洲文明，与一般的精神异常者倒是有几分相似之处。古代墨西哥文明尤其注重血祭，每年都有几千人被当成牺牲献祭。祭司们日常工作和实际生活就是：剖开活人胸膛，挖出仍然跳动的心脏，然后敬献给神灵。一切公共活动，甚至国家庆典，都将这种变态恐怖的行为作为一项主要内容。

而当时社会上普通百姓的日常生活，则与其他野蛮部落并无多大不同。他们在陶器、纺织和染色等领域有着高超的技艺。玛雅文字不仅刻在岩石上，而且还写在兽皮等相关皮革上。欧洲和美洲的博物馆里，至今仍然收藏着大量天马行空的玛雅手稿，关于手稿的主要内容，除去上面的日期，我们一无所知。在秘鲁，早期也有类似的文字出现，但是后来被结绳记事的方式所替代。而在几千年前的中国，人们就已经采用这种方式记事了。

早期的玛雅几何纹彩绘锅

夕阳下的玛雅金字塔。玛雅金字塔是玛雅文明的代表,足以与埃及人的金字塔媲美。玛雅金字塔和埃及金字塔有所不同,外型上,玛雅金字塔是平顶,塔体呈方形,底大顶小,层层叠叠,塔顶的台上还建有庙宇;功能上主要用以举行各种宗教仪式,只有少量玛雅金字塔具有陵墓的功能。

在公元前 4000—5000 年之间的旧世界,或者比这更早的三四千年以前,就已经出现了与这种美洲文明不分上下的原始文明了。这种文明以寺庙为基础,主要特征便是有着大量的血祭活动和精通天文学的祭司阶层。在旧世界中,各种原始文明相互作用,共同促进,使得世界朝着现代文明的方向走来。但是,在美洲,原始文明一直停滞不前,从来不曾超越过其原始水平。他们每一种文明都在自己狭小的天地中出生死亡。在欧洲人来到美洲之前,墨西哥人对秘鲁一无所知,至于秘鲁人的主食——马铃薯,墨西哥人更是闻所未闻。

日复一日,岁月变迁,但这里的人们依然如以往一样生活、敬神祭献最后死去。玛雅艺术在装饰方面达到了很高的程度。人们爱恋着,部落间争战着,灾年与丰年、瘟疫与健康循环交替着。虽然祭司们经过数百年的呕心沥血编制出了历法和牺牲的典礼仪式,可是在其他领域依然毫无斩获。

第十五章
苏美尔、古埃及和文字

> 文字的发明对人类社会的发展起到了至关重要的作用。此后所有的契约、戒律、命令才得以记录。文字的产生使得比之前城邦规模更大的国家的产生成为可能，也使连续不断的历史意识成为可能。

与新世界相比，旧世界时期更为宽广、更富于变化。到了公元前6000年或7000年，在丰饶的亚洲和尼罗河流域地区，已经产生了可以与秘鲁文明比肩的人类文明公社。那时的北波斯、西土耳其和南阿拉伯都比今天更加富饶，这些地区都被发现了原始公社的痕迹。在现在较为低洼的美索不达米亚地区和埃及，已经出现了城市、庙宇、灌溉系统，以及超过单纯的野蛮人村落的社会组织的最早痕迹。那时，幼发拉底河和底格里斯河各自流入波斯湾，苏美尔人在两河相夹的中间地带建起了他们最初的城市。伟大的埃及文明也差不多在同一时间（具体时间不明确），开始了她漫长的历史画卷。

苏美尔人貌似发源于高鼻梁的暗黑色人种。他们以前使用的文字现在已经可以翻译出来了，他们说的语言，现在的人也能听懂。他们已经懂得如何使用青铜制造器具，而且已经懂得用阳光曝晒胚砖来建造塔式的庙宇。由于该地区的黏土质地很好，所以他们在这些黏土上书写文字，从而能让原迹得以存留至今。虽然他们还没有马，但是已经有了牛、羊、山羊和驴。他们手擎矛和皮质的盾，用密集的阵势徒步战斗。他们身上穿的衣服是用羊毛制成的，头发则被剃去。

苏美尔人的石雕人像

通常情况下，苏美尔人的城市都是独立的，他们各自有着自己的神和自己的祭司。但是也有例外，比如在某个城市处于优势地位时，便会对其他城市进行统治，而被统治城市的居民则需要承担向宗主城市缴纳贡品。人们曾在尼泊尔发现了一块古碑，上面记载着这样一个"帝国"，这也是最早被记录的帝国，即苏美尔人建立的伊勒克城市"帝国"。这个帝国的神、祭司兼国王统治着波斯湾至红海整个领域。

最初的时候，文字只不过是一些简化的图画。甚至比这更早的新石器时代之前，人类就已经学会了书写文字。实际上前面所说的阿济尔人的岩石绘画，就已经预示了这一现象的开始。在这些画作中，记录狩猎与征战的绘画占大多数，里面的人物形象清晰可辨。或许是画作者在绘制这些岩石画时没有耐心去画头与四肢，以至于许多作品里面用一条竖线和一两条横线就代表了一个人。

这种画进一步演化，约定俗成后，便很容易成了一种简单的象形文字。苏美尔人的文字是用芦苇秆按在黏土上面的，但是随着岁月变迁，它们就不容易辨认了，到了最后都无法理解它最初的意思了。而在埃及，人们用颜料在墙上或纸莎草（即最早的纸）上书写文字，所以他们临摹事务的真实情况就不会出现偏差。由于苏美尔人笨拙的字体呈楔形，所以这些文字被称为楔形文字。

当图画不是用来再现原物，而是用来表示与之类似的事物时，图画便向文

苏美尔、古埃及和文字
第十五章

字的方向迈进了一步。现在仍然盛行被适龄儿童所喜爱的画谜，便很好地解释了这一点。当我们画出一个帐篷与一个铃铛时，孩子们会非常自豪地猜出这是苏格兰人的名字坎贝尔。苏美尔人的文字与现在美洲的印第安文字非常相似，都是由音节拼成的。这种利用音节来表示文字的方法，能表达出绘画所不能表示的意思。此外，埃及文字也得到类似的发展。后来，那些无法明白语言音节体系的外来民族学会了这种绘画文字后，就开始修改和简化它们，最终便发展成字母文字。而如今被我们使用的所有字母，全是由苏美尔的楔形文字和埃及的象形文字融合而成的。中国也曾产生过一种传统的象形文字，可是它直到如今也仍然没有发展成字母文字。

楔形文字是源于底格里斯河和幼发拉底河流域的古老文字，这种文字是由约公元前3200年左右的苏美尔人所发明，是世界上最早的文字之一。多写于泥板上，少数写于石头、金属或蜡板上。

　　文字的发明对人类社会的发展起到了至关重要的作用。此后所有的契约、戒律、命令才得以记录。文字的产生使得比之前城邦规模更大的国家的产生成为可能，也使连续不断的历史意识成为可能。同时，祭司和国王们的命令、印章才可能下达到无法看见的远方国土，才可能在他们死后也能留存下去。这是一件非常有趣的事情，在古代，苏美尔人就普遍地使用印章了。上至国王、贵族，下至商贾都拥有印章，且雕刻精美富有艺术性，用来加盖在他承认的黏土文件上。换言之，在6000年前，人类的文明程度就已经与印刷文明非常接近了。黏土干燥以后会变得非常坚固，从而可以长期保存下去。想必读者们还记得，在美索不达米亚的历史长河中，文件、记载、账目都是书写在难以毁坏的瓦上的，正是如此，才能让我们获取大批与以前相关的知识。

在苏美尔和埃及，人们很久以前就已经知道了青铜、铜、金、银，而陨石铁也被作为奇珍异宝。

在旧世界，人们早期的城市生活，与苏美尔、埃及都非常相似。此外，除了街上有驴子和牛以外，想必这种生活也与三四千年以后美洲的玛雅有着许多相同之处。日子相对比较太平，除了宗教祭日外，大部分人都忙于灌溉和耕作田地。虽然此时的他们还没有货币，那是因为还不需要货币。一些偶然的小贸易也是通过以物易物的方式进行的。而使用金条、银子和宝石做交易的人，只限于拥有着大量财富的君主、贵族。那时候，寺庙支配着人们的日常生活。苏美尔的庙宇呈高大的塔形，塔顶是用来观察星象的地方。而埃及的寺庙只有一层，不过却非常宏伟。在苏美尔，主持祭祀的人是最大权利拥有者，也是最显耀的人。然而在埃及，有一个人的权利比祭司还要大，他是这一地区主神的活化身——法老，诸神之王。

这时的世界毫无变化。在炎炎烈日之下，人类艰辛地、各司其职地生活着。偶然会被突然到访的陌生人打破安宁的生活。祭司遵照古老的戒条支配着日常生活，观测星象，确定播种的日期，推测牺牲的预兆，解释梦中的启示。人们安然地劳动着，爱恋着，直至死去。他们既不耻于种族过去的野蛮行径，也不热衷于对未来的期盼。有的统治者会非常仁爱，例如佩比二世，他主宰埃及长达90年。有的统治者则野心庞大，他强行征收百姓为兵，对邻邦发动侵略战争，或者征调百姓去修建巨大的建筑。例如基奥普斯、基弗林和迈塞林，他们好大喜功，强迫奴隶在基萨修筑规模宏大的金字塔陵墓。最高大的金字塔高450英尺（137米），所用石料重488.3万吨。所有建筑材料全都是用船顺尼罗河运来的，最后用人力搬运到这些地方。大规模的战争也远远比不上这些建筑所消耗的国力。

埃及大金字塔

第十六章
早期游牧民族

> 或许牧民们曾是非常出色的冶炼高手。而青铜的冶炼，尤其是铁，极有可能是牧民第一个发明的。曾经在欧洲中部，一批比人类早期文明更久远的铁器被发掘出来，显然，铁是通过对矿石的冶炼而获得的。

在公元前6000—前3000年间，人类居住、耕耘、建筑城邦国家，不再局限于美索不达米亚地区和尼罗河流域，而是向一切可以灌溉的地区蔓延开去。人们不再依靠没有保障的狩猎与游牧维持生计，他们搬到可以保证一年四季都有食物来源的地方居住下来。而居住在底格里斯河上游的亚述民族，也开始在这里建设城市。文明的脚步也逐渐从小亚细亚的谷地，地中海沿岸和岛屿上，来到了一些小的公社部落里。在富饶的中国和印度，人类生活也得到了高度发展。在欧洲，一些湖泊河流众多的鱼米之乡，居住着一些小的部落。他们在水中的木桩上建造房屋，而捕鱼和狩猎则成为副业，以弥补农业的不足。但那时候的旧世界，还有更多地区没有这种定居的条件：土地贫瘠、森林茂密、气候干旱，季节多变，以那时的科学水平与工具水准而言，还无法维持定居生活。

人类若要在原始文明的环境下定居，必须具有两个先决条件：充足的水源和温暖的阳光。这两者但凡缺失一个，人们就只能当猎人去捕捉鸟兽维持生计；或者成为牧人，根据季节变换随水草游牧生活。经过了漫长的岁月变迁，人类从狩猎者转换为放牧人。在亚洲，当人们在捕捉野牛或野马的时候，逐渐产生了要把

这些野兽占为己有的念头，于是自然地就懂得将这些动物赶进山谷圈养起来。同时，为了保护这些私有财产，还需要不时地与狼、野狗或其他食肉兽进行斗争。

以水利为基础的农耕文明逐渐在大河流域发展起来。同时。游牧生活——这种与农耕生活完全不同的生活方式，也就是随着季节变换而不断迁徙放牧的生活方式也发展了起来。整体而言，由于生产品种与数量的不足，游牧生活比农业生活更为艰苦。他们没有长久的庙宇，也没有体系完整的祭司制，他们仅有一些很少的工具。或许有的读者认为他们的生活极不发达，请万万不要有这种想法，因为从其他方面来说，农耕生活没有这种自由的生活方式充实。游牧民族的每一个人都非常独立，从而群体就较为松散；在这里，领头人拥有至高无上的权利，而巫士却可有可无。

由于足迹遍及辽阔的大地，所以游牧者见多识广。而与其他地区的居民经

巨石群。巨石阵又称索尔兹伯里石环、太阳神庙、史前石桌等名，位于英格兰威尔特郡索尔兹伯里平原，是欧洲著名的史前时代文化神庙遗址，约建于公元前4000—前2000年。

常接触，所以他们对于异族人的面貌和风俗并不感到奇怪。为了草原与牛羊，他们需要与其他牧人进行协商合作。长年累月地翻山越岭，使他们经常穿越多石地带，所以，牧民拥有比农民更丰富的矿物知识。或许牧民们曾是非常出色的冶炼高手。而青铜的冶炼，尤其是铁，极有可能是牧民第一个发明的。曾经在欧洲中部，一批比人类早期文明更久远的铁器被发掘出来，显然，铁是通过

对矿石的冶炼而获得的。

与此同时，定居下来的部族已经开始纺织、制陶，还能制造出丰富的生活用品。农业与牧业这两种不同的生活方式，一旦碰撞在一起，掠夺和交流就不可避免地发生了。而苏美尔正是这两种生活方式的交叉地带，既有着耕地又有着沙漠，游牧民族就势必会在耕地附近扎营。他们就如同现在的吉普赛人一样，与农民进行交易的同时，还会发生盗窃，甚至可能搞诈骗（不过值得肯定的是，他们不会偷鸡，因为养鸡这种起源于1000年以前的印度密林的方式当时还没有出现）。伴随着他们而来的商品通常都是宝石、金属器具和皮革制品。如果是猎人，那么动物皮毛会占多数。他们会用这些皮毛换取自己所缺少的物品，例如陶器、珍珠、玻璃、服装和手工艺品。

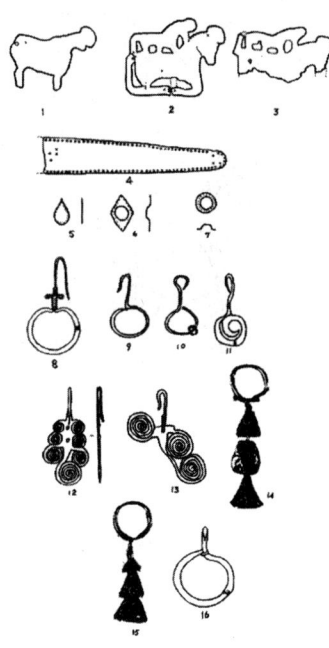

早期游牧民族装饰品

在原始文明时代，有三个主要民族在苏美尔和古埃及的三个主要地区，一直处于半漂泊半定居状态。浅色肤色的北欧民族是初级的狩猎者和放牧者，他们居住在遥远的欧洲森林里。公元前1500年的原始文明时代，他们还只不过是少数民族。而蒙古人的祖先——匈奴人，正在遥远的东亚草原上开始驯化野马。匈奴人会随着季节的变化，不断地在冬季牧场与夏季牧场来回移居，他们的足迹遍布辽阔的草原。或许是由于俄罗斯的沼泽地与当时宽广的里海阻隔的缘故，导致当时的北欧民族与匈奴人老死不相往来。要知道，当时的俄罗斯大部分国土全是沼泽和湖泊。

闪米特人——这种民族的肤色一般呈暗白色与浅黑色，他们居住在叙利亚和阿拉伯持续干旱的沙漠上，他

汉谟拉比石像。汉谟拉比，自称"月神的后裔"，是巴比伦第一王朝的第六代国王（公元前1792—前1750年在位），也是古巴比伦最伟大的国王。他通过武力，统一了整个两河流域（美索不达米亚），并制定了著名的《汉谟拉比法典》，为奴隶制社会确定了立法基础，被后世誉为"古代立法者"。

们不停地驱赶着大群的绵羊、山羊和驴，从一个牧场来到另一个牧场。而最早接近早期文明的种族，正是这些闪米特族的放牧者，以及那些肤色更黑，来自南波斯的伊拉姆人。在这里，他们既是商人，又是强盗。真正的主宰者最终会从他们之中擅长大胆想象的头人中产生。

公元前2750年，闪米特人的首领萨尔贡征服了整个苏美尔，他统治的区域从波斯湾一直蔓延到地中海。虽然他自己并不懂得文字，但他的臣民古卡德人却熟识苏美尔文，同时又将苏美尔语定为官方语言及学术用语。他所建立的帝国直到200多年后才遭到灭亡。

虽然这个帝国之后被艾米润特人短暂地统治过一段时间，但最后闪米特人的伊拉姆人又重新统治了这片土地，并且在河畔小城镇的基础上建立了首都巴比伦，这个国家则被称之为第一巴比伦帝国。公元前2100年，这个帝国迎来了一位伟大的国王——汉谟拉比，他巩固了帝国的基石，并且最早制定了世界史上最富盛名的一部法典。

在以前，美索不达米亚平原频频遭遇入侵。直至汉谟拉比时代，闪米特人终于成功地征服了尼罗河流域的埃及，他将"牧人王"与法老集合成一体。这种统治虽然维持了数百年，但闪米特人始终未被埃及人同化，这是由于埃及人一直将闪米特人当成蛮夷加以敌视。公元前1600年左右，当地人终于推翻了闪米特人的统治，将侵略者从这块土地上赶了出去。

不过在苏美尔地区，闪米特人却和当地人相安无事地生活在一起，并不断被当地人同化。从口音上看，巴比伦帝国应该是闪米特人的一个分支。

第十七章
最早的航海者

> 在很久很久以前，反正是在金字塔建成以前，红海上就已经有船只行驶了。在公元前7000年左右，地中海和波斯湾的水面上才刚刚开始有船只出现。其中渔船占多数，但偶尔也会有一些商船和海盗船。

大约在2.5-3万年前，人类便已经拥有了船只。最晚，也不过是新石器时代末叶，人类可能已经乘坐着掏空的长木或充满空气的兽皮袋在水面上行驶了。至今仍然在使用的蒙皮小船，在远古时代便已经被埃及人和苏美尔人发明创造出来了。非常巧合的是，在爱尔兰、威尔士、阿拉斯加这些地方，也能看见这样的小船行驶在水面上，时至今日，用海豹皮蒙皮制成的小木船仍被用来横渡白令海峡。随着对工具的不断改良，独木舟被小木船代替，随后，船和造船也就自然而然地出现了。

诺亚方舟的传说，也许最早的时候是用来纪念造船事业方面的功绩。就像在世界各民族间广泛流传的洪水故事一样，诺亚方舟或许就是地中海地区有关洪水的传说。

在很久很久以前，反正是在金字塔建成以前，红海上就已经有船只行驶了。在公元前7000年左右，地中海和波斯湾的水面上才刚刚开始有船只出现。其中渔船占多数，但偶尔也会有一些商船和海盗船。以我们目前掌握的材料来看，我们完全可以相信：早期的水手通常都热衷于抢劫，不到万不得已不会从事交易。

诺亚方舟，是《希伯来圣经·创世纪》中的故事，一艘根据上帝的指示而建造的大船，其建造的目的是为了让诺亚与他的家人，以及世界上的各种陆上生物能够躲避一场上帝制造的大洪水灾难。

腓尼基帆船。腓尼基人是古代重要的航海民族，懂得利用日月星辰导航，早在公元前16世纪就在大西洋上进行探险远航。

最早的船只通常都会在偶尔起风的内海中航行。由于大部分时间海面上连续几天都没有风，所以船帆除了作为某种辅助外，并没有受到重视而发展起来。而那些用来航海且装备完善的大帆船，直至近400年才得以发展。在古代，世界上大多数船都是以桨作为动力的，一般只在沿海地区航行，这样的好处是当遇到风浪时就能快速驶进港口躲避。当小船发展为大规模的单层甲板船时，随之出现的还有在船上做苦力的战俘奴隶。

在上文中，我们已经论述了在叙利亚和阿拉伯地区放牧以及漂泊的闪米特人，是如何征服了苏美尔，第一个建立了古阿卡德帝国，随后又建立了第一巴比伦帝国。其实，在西方的海域上，同样有闪米特人的身影出现。他们沿着地中海东岸建立了许多的港口城市，其中最为重要的是提尔港和西顿港。到了巴比伦的汉谟拉比时代，闪米特人时而是商人，时而是流民，时而又是冒险家，因此他们的势力遍布整个地中海地区。这些在海上出没的闪米特人被称为腓尼基人，他们中的大多数人都在西班牙定居，而伊比利亚半岛的原住民巴斯克人也被他们给吞并了。同时他们沿着海岸线进行远征，他们穿过直布罗陀海峡，来到非洲北岸，并建立了一些殖民地。在下文中，我们将着重讲述腓尼基人的一个重要城市——迦太基。

在地中海水面上最早使用单层甲板帆船的并不是腓尼基人，因为在地中海沿岸和岛屿上早就有了许多爱琴民族建立的城镇了。从血缘和语言上分析，爱琴民族与西面的巴斯克人、南面的柏柏尔人和埃及人有着亲缘关系。但是绝不能将爱琴人与希腊人混为一谈，因为在我

公元前6世纪时,腓尼基人造的巨型大船。

们所说的故事中,希腊人的出现要晚于爱琴人很多。爱琴人是希腊人的前身,爱琴人在希腊和小亚细亚都建立了自己的城市,例如迈西尼和特洛伊。另外,他们还曾在克里特岛的克诺索斯建造了一座宏大豪华的宫殿。

直到最近的半个世纪,在考古学家的辛勤发掘下,我们才得以认识爱琴人的势力范围和文明程度。考古学家对克诺索斯的考察非常全面。值得庆幸的是,在后来的日子里,再也没有什么规模大得足以破坏这远古废墟的城市兴建在这一片土地上,因此,这片废墟才得以残留至今,也正是如此,才能成为我们了解这个一度被遗忘的文明的重要标本。

克诺索斯的历史如同古埃及的历史一样久远。到了公元前4000年左右,这两个国家就已经开始进行频繁的海上贸易了。当时间到了公元前2500年,即萨尔贡一世和汉谟拉比时代之间,克里特文明达到巅峰。

实际上克诺索斯算不上是座城池,它只不过是一个居住着克里特王和他臣民的大宫殿而已,它甚至都没有城墙。但是在这之后,腓尼基人逐渐强大,再加上凶猛的从事强盗勾当的希腊人经常由北方向他们进行侵扰,所以为了抵御入侵,克诺索斯才开始构建防御工事。

在埃及,君主被称为法老,而在克里特,君主则被称为米诺斯。他们所居住的宫殿装有流动水浴室和其他各种方便设施,在其他古建筑中是很难见到这些设施的。他们常常在自己的宫殿里举办大型祭典和表演活动,当然,有时候也进行斗牛表演。这种斗牛表演与今天盛行于西班牙的斗牛极为相似，甚至连斗牛士的服饰都是那么的相像。此外，还有体育运动竞技。妇女思想的开放程度从服装上就能略窥一斑，讲究时髦的束胸和多皱的裙摆。他们制作的陶器、服饰、雕刻、绘画、珍宝、象牙、金属、镶嵌等手工制品，时常令我们赞叹不已。他们已经拥有了独立的文字体系，但可惜的是到现在我们也未能翻译出来。

这种幸福安康的文明生活延续了约2000年。一直到公元前2000年左右，克诺索斯和巴比伦的生活仍然是一派太平盛世的景象，生活在物质条件比较完备环境下的居民大多都有教养，因而他们的生活单纯而愉快。他们喜欢观看各种演出，并且举行盛大的宗教庆典，懂得让奴隶来伺候自己，也懂得让奴隶为自己创造财富。生活在阳光充足、碧海环绕的克诺索斯，人们安详宁和。与之相反的是，在当时的埃及，正处于半文明的"牧人王"统治之下，国力正在日薄西山。一个人如果对政治非常感兴趣，那么他必然会发现：闪米特人朝各处征战，近的地方，他们侵略了埃及，远一点的征服了巴比伦，在底格里斯河上游建立了尼尼微城，还向西航海达到直布罗陀海峡，沿途中不断扩张自己的殖民地范围。

克诺索斯一定出现过许多富有精力且极具猎奇心态的人。因为在后来的希腊人中间就流传着关于克里特的能工巧匠戴德普斯的传说，传说他曾经尝试着制造了一种飞行器——滑翔机，但是不幸的是，由于机翼出现折裂而坠入大海。

对克诺索斯人与现代人的生活进行比较分析，是一件非常有意思的工作。例如，一个生活在公元前2500年的克里特绅士会认为铁是来自天外的金属，是异常珍贵的宝物。这是由于当时的人，一直以来只知道陨石铁，而不知道从矿石中也是可以冶炼出铁的。在与之相对的今天，铁则到处都是，并不稀奇。再比如，马匹对于克里特人而言，是传说中的动物，是一种生活在黑海以北区域的一种特大号的驴。他们认为，爱琴人居住的希腊才存在文明，抑或是吕底亚人、加里亚人和特洛伊人居住的小亚细亚，这些人说的语言与自己相差无几。当然，他们固然知道居住在西班牙与北非的腓尼基人和爱琴人，但他们却认为遥不可及。那时候，浅黑色皮肤的伊特鲁利亚人还没有从小亚细亚迁徙到覆盖着稠密

最早的航海者
第十七章

森林的意大利。假设，有一个克里特绅士于某日来到港口，发现一个碧眼金发的俘虏时，必然会惊奇不已。或许他会与这个俘虏简单交流几句，可是回答他的俘虏所说的语言，他却根本无法理解。于是乎，他就理所当然地认为这是一个来自比黑海更遥远地方的野蛮人。

事实上，这是一个雅利安族的俘虏。至于该民族的文化，在后面我们再详述。至于他说的那些无法理解的语言，其实正是后来被分化为梵语、波斯语、希腊语、拉丁语、德语、英语等如今世界上使用的大部分最重要语言的母语。

这就是处于巅峰时刻的克诺索斯人。他们智慧、上进、乐观、幸福。可是当时间进入公元前1400年，这种繁荣却被横空出世的灾祸毁灭了，遭到破坏的米诺斯的宫殿此后再没有修建起来，这里成了无人居住的废墟。至于这是一种什么样的灾难，又是如何发生的，至今无人知晓。研究者们从废墟中发掘出来一些遗物，这里面包括一些小动物的尸骨，这些物品最明显的特征是残留着火烧的痕迹，同时某种极具破坏性的地震所造成的痕迹也被人们发现了。至于是大自然将克诺索斯单独摧毁，还是希腊人在地震时趁火打劫了这座城市，谁也不清楚。

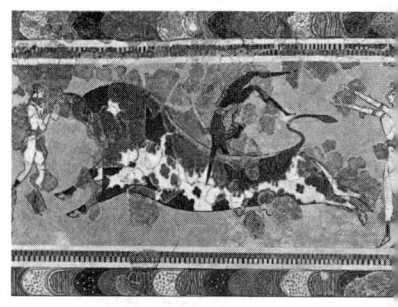

克诺索斯人壁画——克诺索斯牛

克诺索斯是位于克里特岛北面的一座米诺斯文明遗迹，被认为是传说中米诺斯王的王宫。是米诺斯时代最为宏伟壮观的遗址，也可能是整个文明的政治和文化中心。1878年英国考古学家阿瑟·伊文思于对克诺索斯遗址进行了最早的完整发掘。

第十八章
埃及、巴比伦和亚述

> 现代人如果想去游览一遍这些古代的繁华城市,他们就会发现有两种非常重要的食品在这里找不到,那就是母鸡和鸡蛋。所以在巴比伦,法国厨师完全无用武之地。或许这两样东西大约是在亚述帝国后期,才从东方的什么地方传进来的。

埃及人一直都未曾心甘情愿地屈服于闪米特人的统治。大约在公元前1600年,一场来势汹汹的爱国运动终于爆发了,他们终结了异族统治的时代,随之而来的是一个埃及复兴的新时代。研究埃及历史的专家们将这一时期称为"新帝国"时代。埃及在牧人王入侵以前并不是一个统一的国家,而此时,却完成了它的统一大业。长期的屈辱与磨难,让埃及人民留下了一种强烈的反抗精神,这也致使法老成为一个野心勃勃的征服者。他们用从牧人王那里缴获的战马与战车来武装自己。到了特多麦斯三世和阿米诺菲斯三世执政时期,埃及的势力范围一直蔓延到了亚洲的幼发拉底河。

接下来我们将讲述两种完全分离的文明所发生的战争:美索不达米亚文明与尼罗河文明进行了一场持续了千年的战争。在战争的初期,埃及处于优势地位。各个伟大的王朝引领着埃及走向了极度繁荣的顶端,这些王朝包括特多麦斯三世、阿麦诺菲斯三世、阿麦诺菲斯四世和大女皇哈达苏统治的第十七王朝,以及被某些人认为摩西法老的拉米西斯二世统治了67年之久的第十九王朝。当然,埃及在这一时期也出现过衰落时期,来自叙利亚和南方的埃塞俄比亚人将他们征服了。美索不达米亚先是被巴比伦统治，而后被赫梯人和大马士革的叙利亚人短暂地统治过一段时期。叙利亚人一度还曾征服了埃及。尼尼微城的亚述人的命运起伏不定，时而屈辱时而兴盛。有时叙利亚人在统治巴比伦的时候还袭击过埃及。限于篇幅，这里我们对埃及军队同小亚细亚、叙利亚、美索不达米亚的闪米特人军队的战斗情况就不作赘述；不过这里值得指出的是，此时的大部分军队全都装备上了战车，马虽然已经从中亚传入到古代文明中去了，但仍然只用于战争和仪仗。

古埃及的魔法

在远古时代的晨光里，为数不多的几位征服者转瞬即逝。例如尼尼微城的占领者米坦尼王塔楚拉达，再例如曾经征服过巴比伦的亚述王提格拉特·帕拉沙尔一世，都在此列。最终，亚述人成为了那时军事力量最强大的民族。公元前745年，巴比伦被提格拉特·帕拉沙尔三世攻占了，并且建立了被历史学家所称的"新亚述帝国"。同时，铁也从北方传入了文明国家，亚美尼亚人的前身赫梯人第一个学会使用铁，然后再把它传给了亚述人，紧接着，亚述王位的篡夺者萨尔贡二世也用铁来武装军队，于是亚述人便成了史上第一支奉行铁血主义的军队。萨尔贡的儿子塞那彻里普率领军队进攻埃及，结果却遭到惨败，究其原因，原来是军中瘟疫蔓延所致。塞那彻里普的孙子阿舒巴尼帕尔，他的希腊名字在历史上声名赫赫，叫萨达那帕尔斯。他终于在公元前670年完成了父辈的遗愿，攻占了埃及。但是此时的埃及只不过是埃塞俄比亚王朝统治下的属地，阿舒巴尼帕尔不过是打败了另一个征服者而已。

阿淑尔帕拉沙尔二世（前？－前859），是一位亚述国王。在位期间，他开始其庞大的扩张计划，首先他征服了那依瑞以北的地域，随后是哈布尔河和幼发拉底河间的阿拉米人。胜利之后，他进军到地中海，沿途收服十多个小国。

古波斯士兵

古波斯人

早期雅利安人

在这段长达千余年的漫长历史中，如果将各个国家的版图描绘下来，我们就会发现埃及的范围就如同一只显微镜下的变形虫，忽大忽小。我们还可以看到巴比伦人、亚述人、赫梯人、叙利亚人等诸多的闪米特族的国家变化不定，它们时而相互吞并时而又分裂的局面反复出现。在小亚细亚的西部，还有一些爱琴人建立的小国家，例如吕底亚（其首都为萨底斯）和卡里阿。然而大约到了公元前1200年的时候，或许比这更早一些，在世界地图的东北方和西北方出现了一系列新的名称。这是一些野蛮部落，他们使用铁制武器和马车武装自己，在他们的北部疆界曾经与爱琴人和闪米特人的文明碰撞在一起，从而导致了他们所使用的语言，也都来自同一母语——雅利安语。

此时，米堤亚人和波斯人也来到了黑海和里海的东北部区域。从当时记载的资料中分析，人们把他们与塞西亚人、萨尔马提亚人经常混为一谈。另外，亚美尼亚人也从东北、西北方向来到这里，西米里人、弗利吉亚人和希腊人从西北部沿岸线经巴尔干半岛来到这里。这些不论来自东方还是西方的雅利安人，统统都是侵略者、强盗和城市掠夺者。他们的血缘关系非常相近，全都是是曾经干过抢劫的大胆牧民的后人。在东部，雅利安人还只不过是侵扰边民而已，可是西部的雅利安人则嚣张异常，他们猖狂地袭击城邦，打家劫舍，无恶不作，而且还将文明的爱琴居民从本土中驱逐出去。爱琴系民族在备受压迫的情况下，不得不到雅利安人活动范围之外去寻找新的安身之处，于是一些爱琴人就来到了尼罗河三角洲。可谁曾想在这里又被埃及人所驱逐。另一部分爱琴人的分支爱托利亚人，貌似是从小亚细亚渡海来到覆盖森林的意大利中部的无人区，建立自己的家园。还有一些爱琴人，则在地中海东南海岸建立起自己的城邦，他们就是后来历史上知名的腓利斯人。

关于这些凶狠野蛮的雅利安人与古代文明之间的联系，我们将在后面进行详细的论述。但在这里，我们只能简要说明古代文明时期的兴衰动乱，全都是在公元前1600-前600年之间，被雅利安这批来自北方森林和荒原上的野蛮民族所引起的，他们发动的入侵不计其数且持续时间非常久远。

古爱琴人的铜像艺术

在下面一章，我们将要关注的是另一小部分的闪米特人，在腓尼基和菲利斯海岸后面的丘陵地带是他们的居住地。他们是这个时代即将结束时最具重要意义的民族，而他们就是希伯来人。因为他们创造了一部对后世影响巨大的重要著作《希伯来圣经》，这本书将历史、诗歌、箴言和预言融为一体。

在公元前600年后，美索不达米亚和埃及虽然遭到了雅利安人的攻占，但他们的本质精神并没有发生变化。在埃及和巴比伦的老百姓看来，希腊之前的爱琴人大溃败以及突遭横祸的克诺索斯，都似乎是遥不可及的灾难。在文明的发源地，朝代虽然不断更迭，可是人类生活的主流却一直在缓慢地朝更精细更复杂的方向进步着。在埃及，已经经历了3000多年风吹日晒的金字塔，便是在古代建筑而成的山形建筑，如今已成为观光客游览的对象。之后，埃及又兴建了大量更新、更雄伟的建筑，这里面最显耀的当属十七王朝

带翅人头牛身像

巴比伦的鸟神

和十九王朝所建的寺庙。卡那克和鲁克索大庙也同样在这个时代建成。尼尼微所有的主要古代遗迹,例如大庙、带翅人头牛身像以及国王、战车、猎狮等浮雕,都是在公元前1600-前600年建成的伟大杰作。这一时期同时也是巴比伦史上最为辉煌灿烂的时期。

如今,大量关于美索不达米亚和埃及的记载已经被我们所掌握,这里面包括账簿、小说、诗歌和私人信件。我们从这里面得知,当时的上层阶级,比如那些住在巴比伦或埃及底比斯这些城市中的那些权贵,他们豪华奢侈的生活丝毫不逊色于今天的富人。这些人精美装修的家里,陈设着精美的家具,他们的服饰光鲜亮丽,显得珠光宝气。

每逢庆典,所举办的盛大酒席于他们而言是家常便饭而已;他们接待来宾时最好的娱乐便是彼此之间进行歌唱和舞蹈;经过培训的侍者时常簇拥在他们周围,而牙医与医生也常伴于左右;对他们来说,旅行是少有的,长途旅行更是不可思议的事情,不过在河上行舟却不失为一桩美事;在夏天的时候,不论是尼罗河还是幼发拉底河,最常举行的娱乐活动就是乘船游玩。驴在当时是主要的坐骑,而马仍然只限于拖战车和国家典礼,骡子更是非常罕见的动物。虽然在美索不达米亚能看见骆驼,但在当时还并没有传入埃及。由于还没有铁制器具,所以最常用的金属还是铜和青铜。被广泛应用的纺织品都是一些上等的麻织品、棉织品和毛织品,丝绸还没有从中国传入。当时美丽的玻璃制品已经出现了,并且颜色非常丰富,不过成品通常都很小,而透明玻璃则还没有发明出来。镶金牙的现象也已经出现,但还不懂得在鼻梁上架眼镜。

在古代,底比斯和巴比伦的生活与现代社会仍然有一个非常明显的不同,那就是货币还没有产生,人们的贸易只能依靠以物易物来进行。不过,巴比伦在财政方面的发达程度要远远高于埃及,他们已经学会用金银来交换其他的物品,或者将金银制成金块、银块保存起来。"银行家"先于货币之前出现,有钱人在他们的贵重金属上印上自己的姓名和金属重量。带着宝石出门对于商人和出远门的人来说是非常必要的,因为它可以在自己需要的时候把它换掉维持生活。当时的生产者和侍者大多都是奴隶,主人需要支付给他们实物。但随着货币的出现,奴隶制度也随之衰落。

现代人如果想去游览一遍这些古代的繁华城市,他们就会发现有两种非常重要的食品在这里找不到,那就是母鸡和鸡蛋。所以在巴比伦,法国厨师完全无用武之地。或许这两样东西大约是在亚述帝国后期,才从东方的什么地方传进来的。

与其他事情一样得到很大程度改进的,当然还有宗教。人们开始用动物或

通天塔,又称巴别塔,据《圣经·创世记》记载,当时人类联合起来兴建希望塔顶通天的高塔。为了阻止人类的计划,上帝让人类说不同的语言,使人类相互之间不能沟通,计划因此失败,人类自此各奔东西。

面团人来代替活人献祭。但是腓尼基人,尤其是在迦太基(腓尼基人在非洲最大的移民区),那里的人民仍然还在用活人献祭,从而受到后世的唾弃。在古代,每当一个伟大人物逝世时,人们会将该领袖的妻子与奴隶进行殉葬,再放入折断的弓箭,他们认为这样做,伟人的灵魂在另一个世界也能使用这些物品和奴役这些仆从。这种迷信的说法在埃及也非常盛行,所以当地人养成了将房屋、店铺、奴仆和家畜制成小模型来陪葬的习俗。但是,值得赞誉的是,我们可以通过这些模型,真实地了解3000年前甚至更久的时期,古代居民所过的那种稳定而文明的生活。

这就是野蛮的雅利安人还没有离开北方的森林和草原之前,古代社会的一般情况。这种情况在印度和中国也有过类似的发展。在印度与中国的大河流域,一种褐色种族的农业城邦发展了起来。但是印度的城邦似乎与美索不达米亚和埃及的城邦不太一样,并没有迅速地发展、合并,他们反而更接近古代苏美尔和美洲玛雅。而中国的历史,这还需要中国的研究者们用现代水准去加以整理,将那些传说部分剔除出去。不过,值得肯定的是,该时期的中国文明程度要比印度高很多。中国的商朝相当于埃及的第十七王朝,这一时期,中国的统治者类似于皇帝兼祭司,他统治着一些小城邦。中国早期皇帝的第一要务,是主持季节性的祭典。从至今仍然保存完整且精美的商代青铜器可以看出,当时制作技术的高超,使我们不得不相信:在雅利安人之前的许多世纪中,中国早已出现了文明。

第十九章
原始的雅利安人

> 就这样,当提格拉特·帕拉沙尔三世、萨尔贡二世和沙达那帕鲁斯统治着亚述,并与巴比伦、叙利亚、埃及等国进行战争的年代里,雅利安各民族受到了文明的感染,并根据自己的目标,在意大利、希腊和北波斯创造了属于自己的文明。

在4000年以前,也就是公元前2000年左右,比今天更温暖更湿润的欧洲中部和东南部以及亚洲的中部,生长着许多树木。有一群原始部族在莱茵河到里海之间的广大地区,过着漂泊不定的生活。其中大多数人都是碧眼金发的北欧民族;他们说着由同一母语演变而来的各种语言,彼此进行深切往来。在当时,他们这个民族的人口或许还不是非常多,但他们的存在,却早已被遵奉汉谟拉比法典的巴比伦人,以及最早遭到异族入侵的文明古国——埃及的居民所熟知。

上天似乎早就安排好了,让这些北欧民族在世界历史的舞台上饰演主角。这些拓荒者在森林中开垦出万顷良田。他们在最开始的时候并没有马,只有牛,所以当他们迁徙的时候就把营帐和别的物品放在简陋的牛车上;如果在某地驻扎下来,他们懂得用树枝和泥土垒砌小茅屋遮蔽风雨。他们不像那些浅黑肤色的民族把死去的人,非常隆重地埋进土里,在他们这里更流行火葬。假如死去的人是部族首领,他们就会将他的骨灰放进瓦瓮中,然后修筑起一个非常巨大的圆形坟冢,这些"圆冢"在北欧随处可见。而这里的原住民,那些有着浅黑肤色的民族,是不喜欢火葬的,他们将死者摆成端坐的姿势,然后埋葬于矩形

雅利安人部落的畜牧业

的坟冢里，这就是所谓的"长冢"。

雅利安人非常奇怪，他们虽然种植小麦，也懂得用牛耕地，但却并不会因此而定居下来，他们在收获粮食之后就会从此地搬走。他们早已拥有青铜器，到了公元前1500年前后，他们又有了铁器，他们极其有可能是炼铁的发明者。或许也正是在这段时期，他们驯服了马，第一次驱使马来拉东西。他们的社会生活完全不以庙宇为中心，这一点与地中海附近那些定居的民族非常不同，而且他们的首脑也不是祭司，而是头人。他们的社会体系并不依靠神，也不依靠帝王，这是一种贵族制。在很久以前，某些家族就被区别开来，他们成为高贵的、具有领导权的家族。

这个民族由于常年的漂泊生活，为了鼓舞情绪，他们在举行酒宴的时候，个个都能歌善舞，且开怀畅饮，一些专职的吟唱诗人也加入进来助兴。当他们还没有与文明民族交流以前，他们还没有文字。他们的文学来自于吟唱诗人的记忆，这种对语言的发展起了很大作用的说唱方式是作为娱乐流行起来的，后来终于使它成了一种非常优美的表达工具。毋庸置疑，在此之后由雅利安语分化而来的各种语言，之所以具有如此众多的优点，大部分原因都与此有关。雅利安各民族的传奇历史都表现在各种叙事诗、英雄传奇、宗教传说之中。

在雅利安的社会生活中，人们经常以族长的家作为中心。当他们在某地驻扎下来时，族长居住的房屋通常都是非常宏伟的木制厅堂，而牧人住的小房子和远处的牛羊圈都拱卫在周围。对于大部分的雅利安人来说，首领居住的大厅是部落的中心，人们在这里聚集，举行酒宴、唱诵诗歌、参加游戏或者商讨部落大事。一般厅堂周围都设置了牛栏和马圈，而族长和家人都在屋内或楼厅上休息，部落的普通成员则如同今天印度人家庭那样随地而卧。在雅利安人部落，除了武器、装饰品、工具等私人物品外，其余财产全都是公共的，这是一个族长制共产主义社会，族长代表共同的利益拥有牲畜和牧场。而森林和河流，则还没有被开发。

正当美索不达米亚平原和尼罗河流域的伟大文明不断向前发展的时候，在欧洲中部和中亚西部的广大地带，雅利安人在这里生息繁衍。到了公元前2000年，雅利安人开始在各地压迫太阳石文明的各民族。他们侵入法兰西、大不列颠和西班牙，随后侵略大军分成两股力量。第一股力量使用青铜武器装备自己，他们挺进到不列颠和爱尔兰，并且将当地居民全部驱赶出去，要知道，这些被驱赶的民族曾经在不列颠岛建造了伟大的卡那克石碑、在英格兰建造了巨型的立柱，这些民族在这股势力的冲击下，要么被消灭，要么被征服。当雅利安人到达爱尔兰以后，他们有了一个正式的称号盖尔·凯尔特人。第二股力量是一支血缘相近的民族，这里面可能融合了其他民族的成员，他们把铁传入了大不列颠。这支力量被人们称为布里托尼·凯尔特人，而威尔士人的语言正是从凯尔特人语言的转换而来的。

血缘相近的凯尔特各民族不断向南侵入西班牙。他们不单单只与当时仍然占据着这块土地且拥有太阳石文明的巴斯克人发生接触，而且还与在沿海建立殖民地的闪米特系腓尼基人发生接触。与此同时，意大

雅利安战士

《吠陀》，是婆罗门教和现代的印度教最重要和最根本的经典。"吠陀"意思是"知识"、"启示"。广义的"吠陀"文献包括很多种性质不同的经典，即《吠陀本集》、《梵书》、《森林书》和《奥义书》。

古代赫梯人

石雕上的米提亚人

利的各个部落关系密切,并且达成联盟南下,来到了荒凉的、树木丛生的亚平宁半岛。当然,他们不再以征服者的姿态出现了。公元前8世纪,罗马在历史上出现了。此时的罗马还只不过是第伯尔河畔的一个商业小镇,雅利安系的拉丁人占居民的大多数,而伊特鲁里亚的贵族与王室则属于统治阶层。

雅利安人的势力范围也不断向南推进。这支说梵语的雅利安人,早在公元前1000年以前,就已经向西进入了印度北部。在那里,他们和德拉维文明——最早的浅黑肤色人文明发生了接触,并且学到了许多的东西。另外一些雅利安部族,其活动区域似乎已经扩展到了中亚的山区,一直延伸至比今天这个民族居住区域更远的东方。直至今天,仍然有金发碧眼的北欧系民族居住在东土耳其,不过他们现在讲的是蒙古语。

居住在黑海和里海之间的古代赫梯人,在公元前1000年之前因为征服阿美尼亚人而被雅利安同化了。而亚述人和巴比伦人也警觉地发现,东北边疆有一个新崛起的好战蛮族,其中声名最为显赫的当属塞西亚人、米提亚人和波斯人。

当然,雅利安各民族对旧世界文明最沉重的打击,还是在他们穿越了巴尔干半岛之后。在公元前1000年前的若干世纪之前,他们就已经南下,进入了小亚细亚。而最早来到这里的部族中,尤其以弗利吉亚人最为出名,紧接着伊奥里斯人、爱奥尼亚人和多利安希腊人也来到了这里。到了公元前1000年左右,他们就将希腊本土以及希腊诸岛上的古代爱琴文明一扫而光。迈锡尼和梯林斯古城已经被毁灭了,而克诺索斯古城则差不多被完全遗忘了。公元前1000年，希腊人就越过海洋来到克里特和罗德岛上定居，并且按照腓尼基沿地中海兴建港口城市的模式，在西西里岛和意大利南部建立殖民地。

就这样，当提格拉特·帕拉沙尔三世、萨尔贡二世和沙达那帕鲁斯统治着亚述，并与巴比伦、叙利亚、埃及等国进行战争的年代里，雅利安各民族受到了文明的感染，并根据自己的目标，在意大利、希腊和北波斯创造了属于自己的文明。从公元前9世纪往后的600年里，世界历史其实就是雅利安民族如何发展强大，如何从事开拓事业，如何征服闪米特人、爱琴人、埃及人等整个古代世界的故事。从表面上看，似乎是雅利安人取得了胜利，可是事实却是：在思想和制度上，雅利安人与闪米特人、埃及人的斗争从未间断，并且在雅利安人取得了统治权以后很长时间都在继续。换言之，这是一场斗争，事实上贯穿了人类的整个历史，时至今日，它仍然以某种形式在进行着。

迈锡尼文明（前1600—前1100），是希腊青铜时代晚期的文明，它因伯罗奔尼撒半岛的迈锡尼城而得名。这是古希腊青铜时代的最后一个阶段，包括荷马史诗在内，大多数的古希腊文学和神话历史设定皆为此时期。

第二十章
巴比伦帝国末期和大流士一世帝国

> 巴比伦这座古城,即便在亚述历代君王统治时期,也仍然是文化知识的重要地点,尤其在沙达那帕鲁斯时代更加突出。身为亚述人的沙达那帕鲁斯,早已被巴比伦文明给同化了。

在上文中,我们曾说过在提格拉特·帕拉沙尔三世以及篡位者萨尔贡二世的统治下的亚述,如何变成了一个强大的军事国家。这位篡权者的本名其实并不叫萨尔贡,他之所以叫这个名字,是为了让巴比伦人不要忘记在2000年前,阿卡德帝国的创建者正是萨尔贡一世。巴比伦虽然是座沦亡城邦,但是与尼尼微比起来,无论是人口还是地位的重要性都超过了尼尼微。也因为这样,征服者们除了对巴比伦的神灵贝尔·玛杜克心存敬畏外,还对巴比伦的商人、祭司也以礼相待。公元前8世纪的美索不达米亚,人类再也不像以前那样一旦攻占某座城市就必然烧杀抢掠了。征服者们希望通过怀柔政策可以赢得被征服者的归顺,所以当萨尔贡死后,新亚述帝国又维持了近一个半世纪。之后的事情正像前面提到的那样,沙达那帕鲁斯控制了埃及的南部。

可是强大统一的亚述帝国却由于内部的分裂,实力迅速地减弱。与之相对的埃及人此时却奋发图强,侵略者终于在布桑梅迪克一世时被赶走了。尼科二世曾经还图谋发动一场征服叙利亚的战斗。由于当时的叙利亚与邻国正好发生了战争且相互僵持着,所以没有能力抵抗侵略者。在公元前606年,尼尼微被来自美索不达米亚东南部的闪米特族迦勒底人,以及来自东北部的亚利安族米堤亚人结成的联盟攻陷了。人类也正是从这个时候开始,有了较为准确的纪年表。

此后,亚述便被列强瓜分了。在北方,塞克萨里斯建立了米堤亚帝国,它的疆域包括了尼尼微,定都爱克巴坦那,它的东部疆界甚至到达印度边境。在米堤亚帝国南边,是版图呈新月形的迦勒底帝国,也就是第二巴比伦帝国。由于尼布甲尼撒的治理,该帝国积攒了丰厚的财富,国力日渐强盛起来,于是巴比伦最后一段的辉煌时期开始了。曾经有段时间里,米堤亚帝国与巴比伦帝国相安无事,互不征战。尼布甲尼撒还将女儿嫁给了塞克萨里斯。

这期间,尼科二世征战叙利亚,毫不费力就征服了它。而在此之前的公元前608年,他曾在米吉多战役中战胜了小国犹太国(关于犹太国的具体信息,我们将在后面详述),并且杀死了犹太国王约西亚。紧接着他又亲率大军直发幼发拉底河流域,已经衰落的亚述帝国并不是他此次行动的目标,而是正在复兴的巴比伦。但是尼科的如意算盘落空了,埃及人的进攻被击溃了,他仓皇逃回埃及,此次战役使得巴比伦的国界向古埃及的国界处推进了。

公元前606—前539年之间,第二巴比伦帝国虽然还处于不安定的环境之中,但是却得到了某种繁荣,而这种繁荣的主要原因来自于它与北方那个更强大、更稳固的米堤亚帝国的长久和平。在这六七十年间,巴比伦这座城市不但生活富足,而且文化也异常繁荣。

巴比伦这座古城,即便在亚述历代君王统治时期,

亚述,是兴起于美索不达米亚的国家。公元前8世纪末,亚述逐步强大,先后征服了小亚细亚东部、叙利亚、腓尼基、巴勒斯坦、玛代王国、巴比伦尼亚、埃兰和古埃及等地。设都于尼尼微。

尼科二世石像。尼科二世是第二十六届埃及王朝(前610—前195)的国王。

巴比伦帝国的最后一位国王那波尼丢斯听大臣汇报

带军征讨的居鲁士大帝。居鲁士大帝（前590—前529），古代波斯帝国的缔造者。

也仍然是文化知识的重要地点，尤其在沙达那帕鲁斯时代更加突出。身为亚述人的沙达那帕鲁斯，早已被巴比伦文明给同化了。他建造了一座图书馆，当然，这里面所收藏的都不是纸质图书，而是一些从苏美尔时代早期大量流传下来的美索不达米亚地区黏土画板。后来他的这些藏书被人们发掘了出来，这些极有可能是世界上最为宝贵的历史资料，巴比伦帝国的最后一位君王是迦勒底系的那波尼丢斯，他对文学的兴趣极为浓厚，所以他鼓励并且支持研究这些古籍。当萨尔贡一世登基的具体时间被他手下的研究人员发现之后，他立刻命令将这段史诗刻碑加以纪念。虽然他并不昏庸，但帝国在他统治时期仍然出现了许多分裂的征兆，他为了稳固中央集权统治，于是就下令把全国各地的神灵全都集中到巴比伦，并且为诸神修建庙宇。虽然后来这种方法被罗马人模仿了，且得到了成功，可是在巴比伦，却使得信奉巴比伦主神贝尔.杜马克的有权祭司们的猜忌。于是他们开始谋划着如何把那波尼丢斯替换掉，他们把目光放到了邻近的米堤亚帝国，它的君王波斯人居鲁士是个不错的选择。因为在这之前，小亚细亚东部富足的吕迪亚王克洛伊苏曾经被居鲁士征服了，从此声名鹊起。由于里应外合的合谋，当居鲁士率大军进攻巴比伦时，只在城外打了一仗，就有人把城门打开了（公元前538年），居鲁士兵不血刃就进入了这座城池。根据《圣经》里的记载，当时那波尼丢斯的儿子——贝尔沙萨王太子正在举行宴会。正当宴席进行时，一个人走了进来，然后用火在墙壁上写下了一些神秘的文字："Mene,Mene,Teke1,Upharsin"。

于是他就召见先知丹尼尔来解谜。丹尼尔是如此解释的:"上帝已经算出你王国的年数,现在正是你的末日。由于在天平上称出你的分量不够重,因此把王国赐予了米堤亚人和波斯人。"或许那些信奉贝尔·玛杜克神的祭司们知道在墙上写字的把戏。据《圣经》上说,当天晚上贝尔沙萨王子就遇害了,而那波尼丢斯也被捕入狱。由于本次占领未曾采取武力,所以对贝尔·玛杜克神的祭典未曾中断。

就这样,巴比伦帝国和米堤亚帝国统一了。此后,埃及也被居鲁士的儿子冈比西期攻占了。但冈比西期自己却由于情绪暴躁,暴毙而亡。而居鲁士的宠臣之一西斯达斯贝斯的儿子,继承了王位,他就是米堤亚人——大流士一世。

大流士一世统治的波斯帝国的前身,是旧文明舞台上最早出现的新雅利安帝国,这个帝国的疆域比以往任何国家的版图都要辽阔。它囊括了小亚细亚和叙利亚全境,以及原亚述帝国、巴比伦帝国全境,还拥有埃及、高加索和里海地区和米堤亚、波斯等地,甚至将疆界延伸到了印度河流域。之所以能够建立一个如此庞大的帝国,完全是马匹、骑兵和战车的功劳,同时也由于人们修建了大道所创造的便利。在以前,驴子、牛和沙漠中的骆驼是最方便的交通工具,但是现在,为了维持这个新的波斯帝国,统治者下令修建了许多主要大道;驿马随时待命,以供帝国信使或取得政府许可的旅行者使用。同时,大量发行货币,这样就极大地发展了贸易。但是此时巴比伦再也不是帝国的首都了。从此之后的结果来看,那些信奉贝尔·玛杜

大流士一世(前?—前485),即大流士大帝,波斯安息省长希斯塔斯皮斯的儿子,公元前521—前485年波斯阿契美尼德帝国君主。《圣经》的中文译本译作"大利乌"。

波斯波利斯宫殿墙上，大流士一世接见藩使的浮雕。

克神的祭司们并没有从他的背叛中获得什么利益。虽然巴比伦仍是一座主要城市，但却已呈日薄西山之势。珀塞波利斯、苏萨和爱克巴坦那成为新帝国的重要城市，苏萨是首都。而尼尼微却被人们抛弃，慢慢地成为了一片废墟。

第二十一章
犹太人的早期历史

> 有一种人，或者说某种新型人，在他们独特的发现过程中起到了至关重要的作用，这种人就是先知。我们必须高度重视这些人，因为这些先知的出现，代表了在人类社会的稳步发展中，某种新的、突出的力量已经形成。

现在，我们可以来谈谈一支闪米特人种的分支——希伯来人。这个民族的重要性在当时来说，其实远远不及它日后对后世的影响。在公元前1000年以前，希伯来人就已经在犹地亚定居很长时间了，也正是从那时开始，耶路撒冷始终都是首都。他们的历史与南方的埃及，北方相继出现的叙利亚、亚述和巴比伦等各大帝国的历史是交织在一起的。这是因为希伯来人的国土，是北方各国去往埃及的必经之地。

希伯来人之所以给后世留下了举世瞩目的影响，这还要归功于他们创造的一部重要文学作品。这既是一本汇聚世界史、法律、年代学和赞美诗的合集书，又是一本集箴言、诗、小说和政治言论于一体的百科全书。这本被后世基督徒称做《旧约全书》的，正是希伯来圣经，它大约成书于公元前400年或500年。

第一次将《旧约全书》汇总整理的地方有可能是巴比伦。上文中提到过，当亚述人正拼命和米提亚人、波斯人以及迦勒底人战斗时，埃及的法老尼科二世也在侵略亚述帝国。公元前608年，犹太国王约西亚率众反抗尼科二世，但不幸战败身亡，因此，犹太国成为了埃及的附属国。后来巴比伦的新迦勒底王尼布

羊皮卷《旧约全书》内文

《希伯来圣经》的目录

1255年版的法语《圣经》插图

伊比利亚半岛上犹太文化

甲尼撒大公把尼科赶回了埃及，企图在耶路撒冷拥立一位傀儡国王来统治犹太国，可是这个图谋遭到了失败，因为民众将巴比伦派来的官吏杀掉了。也正是如此，让尼布甲尼撒痛下决心，想彻底消灭掉这个让埃及和北方帝国相互制约的小犹太国。于是，耶路撒冷遭到了残酷的烧杀抢掠，而幸存的居民也被当成战俘送往巴比伦。

此后，这些难民就一直羁押在巴比伦，直到公元前538年居鲁士攻克此城。并且把他们送回故土，让他们重建了耶路撒冷的城墙和庙宇。

在此之前，犹太人似乎并不是一个非常开化和团结的民族，可以读书识字的或许也只是少数人。即便是他们自己的历史，也从没有谁读过圣经开篇的几章。约西亚时代第一次有人提到了这本书。被俘虏到巴比伦的耻辱经历，使得他们开化且团结起来。回到故土后，他们才重新意识到本国文学的重要性，于是他们重新成为有敏锐的自我意识和政治头脑的民族。

在那个时候，他们的圣经只有"首五卷"，也就是我们现在知道的《旧约全书》开头的五篇。除此之外，还有大量别的独立成篇的书，例如编年史、圣诗和箴言，这些作品与"首五卷"一同被归入在后来的《希伯来圣经》中。

《希伯来圣经》开篇所描述的故事几乎与巴比伦的传说如出一辙，全都是创世纪、亚当和夏娃以及洪水的故事。似乎这些东西已经成为整个闪米特人共同信念的组成部分。而摩西和参孙的故事，又几乎与苏美尔、巴比伦的传说完全一样。不过，关于亚伯拉罕的故事以及以后的故事，则更具有犹太民族的独特成分。

西斯廷教堂南方长城——摩西通过埃及之旅（画由佩鲁吉诺绘制，1482年）

如今我们推测，亚伯拉罕生活的年代极有可能是汉谟拉比时代的巴比伦，成长于族长制全盛时期。大家可以去看看《创世纪》，那上面记载了他漂泊的故事，以及他儿子、孙子的故事，而且还记录了他们是怎么成为埃及人俘虏的经过。据《希伯来圣经》记载，亚伯拉罕一来到迦南，上帝就将这片土地连带其中的大城市全都恩赐给了他和他的子孙们。

亚伯拉罕的子孙自从被羁押到埃及之后，摩西带领着他们在旷野中闯荡了40年之久，终于发展成由十二个部族组成的大民族。随后，他们便从阿拉伯大沙漠大举东进，攻打迦南。或许这些事件就发生在公元前1600-前1300年的某段时期。可奇怪的是，在埃及的历史资料上，没有找到一条与摩西和当时迦南相关的信息。不过，可以肯定的是，这次入侵并不成功，他们除了上帝恩赐的山地之外，毫无所获。在当时，迦南人并没有得到沿海地带的所有权，这些地区仍然掌握在爱琴人和腓力斯人的手里。他们在此建立起来的城市全都抵挡住了希伯来人的进攻，这些城市包括加沙、加多、阿什杜德、阿斯卡伦和乔帕等。由于亚伯拉罕的子孙们自此之后全都定居在丘陵地带，所以他们也始终未曾引起世人的注意。在此以前，他们曾长时间地与腓力斯人发生冲突，并且还和与自己同属一宗的莫阿布人、米堤亚人发生争战。如果读者想了解他们在这一时期的战斗经过，可以看看《旧约全书》中的《士师记》。毫不夸张地说，《士师记》简直就是他们灾难与失败的完整版记录。

在很长一段时间，领导希伯来人的士师（类似于祭司），全都是由群众中的长者选举产生的。但是到了公元前1000年，他们选出来一位统率三军与敌人交战的王，这个人就是扫罗。就领导能力而言，扫罗无法与士师们相提并论。并且最后在吉尔布亚山的战斗中，扫罗被腓力斯人一箭穿胸而死，他的铠甲被当成战利品，送到腓力斯人的维纳斯神庙展示起来，他的尸体则被钉在了贝塞香的城墙上。

作为扫罗的继承人，大卫显然要比他更有谋略。希伯来人在大卫的带领下，取得了空前的繁荣，而这种繁荣与腓尼基的提尔市人不无关系。提尔的君主海勒姆是个有远见的明君，他提议建立一条商道，这条道路穿越希伯来丘陵直达红海。这个提议深得人心，因为当时的传统商道，必须途经埃及方能抵达红海，而埃及此时陷入了战火，就算此时埃及没有战争，这条路在往常也并不顺畅。就这样，海勒姆与大卫一拍即合，并且与之建立了战略合作伙伴关系，这样的关系并且延续到大卫的儿子同时也是王位继承人所罗门时代。耶路撒冷在海勒姆的援助下，修筑了城墙、宫殿和寺庙。同时，作为回报，海勒姆被许可拥有红海船舰的营造权。贸易之门就这样通过耶路撒冷从南到北敞开了。同时，所罗门也带领着本民族进入了强盛时期，他甚至还迎娶了埃及法老的女儿。

但世间的事情通常是相对的，所罗门虽然获得了前所未有的强大，但说到底，他也无非是一个小城邦的小国王而已，况且他的权威又是如此的短暂。从他离世之后没几年，耶路撒冷就被埃及第二十三王朝的第一位法老西谢克攻陷了，并且洗劫了这座城。时至今日，仍有很多评论家觉得《旧约全书》中的《列王记》篇里有关所罗门全盛时期的描述，仍然还有待查证，他们觉得这是后世的撰写者出于爱国心与虚荣心而刻意夸大的。但如果你仔细推敲《圣经》上的记录，你就会发现，开篇时的那种鼎盛情景全都不见了。如果对所罗门神庙的尺寸进行测量，你会奇怪它的规模与一般郊区小教堂不相上下。在亚述人的纪念碑曾经有过一段记载，那里面记录了所罗门继承人埃哈卜曾调拨一支2000人的队伍加入到亚述军队，如果大家都看过这段记录，那么也就不会为他的1400辆战车感到惊叹了。《圣经》上还非常明显地记载道：所罗门是个极其爱慕虚荣的人，他对百姓征收苛捐杂税，并且摊派了名目繁多的徭役。所以在他死后不久，王国的北部便独立了，成立了以色列王国，但是耶路撒冷仍然还是犹太国的首都。

海勒姆死后，提尔就不再对耶路撒冷提供援助，这也间接地终结了希伯来人的繁荣。与此同时，埃及也又一次复兴了。原属一国的以色列和犹太国，如今分裂成两个小国。在这两个国家的北方，正在上演着王朝的更迭：先是叙利亚，而后是亚述，再后是巴比伦。而这两国的南方则是埃及。战乱和灾难是这段历史的主题曲，同时，野蛮之王统治野蛮人是故事的大纲。

公元前721年，亚述人全面入侵以色列，其全民皆为俘虏，而以色列的历史也自此消失。犹太国也同样遭到了入侵，但是他们仍然不放弃战斗，一直持续到公元前604年，才遭受到与以色列一样的结果。在整本《圣经》中，希伯来人的历史从士师时代开始，除了某些细节仍然值得批评和探讨外，整体上还是真实可信的。这些事情与19世纪在埃及、亚述和巴比伦发掘出的古代遗物，所做出的结论基本吻合。

希伯来人被羁押在巴比伦时，就开始收集整理自己的历史，发展自己的传统。当居鲁士特赦他们可以返回故都耶路撒冷时，他们无论在精神上，还是在知识上，都与被俘时大不一样，因为他们已经学到了文明。有一种人，或者说某种新型人，在他们独特的发现过程中，起到了至关重要的作用，这种人就是先知。我们必须高度重视这些人，因为这些先知的出现，代表了在人类社会的稳步发展中，某种新的、突出的力量已经形成。

第二十二章
犹太的祭司与先知

> 在2500年艰苦、冒险和被压迫的生活境遇中,他们注定要执着地体现犹太民族是靠着共同命运的意识才得以崛起的民族,这一信念,从他们被俘后返回耶路撒冷的那一时刻起就拥有了。

对于闪米特各族人而言,亚述和巴比伦的衰亡只不过是灾难的开始。在公元前7世纪,闪米特人几乎统治着世上所有的文明国度。在这些被统治的国家包括庞大的亚述帝国和埃及,在亚述、巴比伦、叙利亚,那里的人们说着同一种语言,同属于闪米特系。而且,闪米特人还掌控了全世界的商业往来。在腓尼基海岸,提尔、西顿这样的大城市逐步兴起。他们在西班牙、西西里岛和非洲的殖民地面积,甚至超过了本国。迦太基建立于公元前800年,在当时,这是一座人口上百万的城市,很长一段时间,它一直是世上最大的城市。很多船只,频繁往来于迦太基与不列颠群岛之间,有的船只甚至还远航到大西洋外的海域,极可能还到过马德拉岛。在上面的篇章中,我们说到过海勒姆连同所罗门一道,开辟了阿拉伯和印度的商业之路,并且还在红海合作建造船只。曾经有一支船队在尼科王时期,绕非洲航行了一整圈。

在当时,雅利安各民族还未经开化;希腊人开始着手在被他们自己摧毁的文明废墟上重建新的文明;而米堤亚人,如同亚述碑文上所记载的那样,正在崛起。公元前800年,似乎还无人料到:到了公元3世纪前,雅利安人将取代

迦太基古城复原图

闪米特人，成为新的统治者，而闪米特人则变成亡国奴，背井离乡。在当时，萨尔贡一世似乎改变了这一区域人们的生活方式，就连苏美尔人亦也不例外，唯独阿拉伯的贝都因人，始终保持民族特色，以往的生活方式也没有改变。

　　在这风云变幻的500年里，闪米特文明遭到不断破坏与蹂躏。只有一个民族始终团结一致，并且保持他们传统思想，这就是被波斯人居鲁士遣送回耶路撒冷，重建自己家园的这个犹太民族。这个民族之所以能完成如此伟业，全凭他们自己在巴比伦编集的那部关于他们自己文明的文献——《圣经》。与其说犹太人写就了《圣经》，还不如说《圣经》塑造了犹太人。因为始终贯穿《圣经》的，是一种与其他民族都大不相同的精神，即一种激励人奋进和忍耐的精神。在2500年艰苦、冒险和被压迫的生活境遇中，他们注定要执着地体现犹太民族是靠着共同命运的意识才得以崛起的民族，这一信念，从他们被俘后返回耶路撒冷的那一时刻起就拥有了。

　　犹太精神的真谛在于，他们的神灵是无形的，但又无处不在。他们的神灵并不住在人间寺庙里，而在每个人的心中。世上其他民族都有自己的神，他们的神是居住在庙堂里的，并以塑像加以体现，一旦神像被毁，庙堂倾覆，而神也就化为乌有了。然而犹太人的神住在天国，是高于祭司和牺牲的一个新的概念。

犹太人祈祷的灵阳玉磬

早期犹太人

犹太人坚信亚伯拉罕神之所以选择他们做子民，是为了让他们重建耶路撒冷，并让耶路撒冷成为全世界的真理中心。这种意识渗透到每一个犹太人的血液里。

这种精神在那个被推翻、被征服的时代里，吸引着一大批使用共同语言，有共同的习俗、习惯、嗜好和传统的巴比伦人、叙利亚人以及后来的腓尼基人加入进来，这样的显现其实不难解释。在堤尔、西顿、迦太基以及西班牙的其他腓尼基人城市遭到灭亡以后，腓尼基人突然从历史上消失。但同时，我们会发现：不止在耶路撒冷，在西班牙、在非洲、在埃及、在阿拉伯以及遥远的东方，但凡有过腓尼基人驻脚的地方，那里就会出现犹太人的团体。他们全都是因为《圣经》，或者是因为阅读过《圣经》而聚集在一起的。也就是从这一刻开始，耶路撒冷就不是犹太人名义上的首都，而他们实际意义的首都则是《圣经》。这是历史上的一种新现象，这种风气的种子，早在苏美尔人和埃及人开始用现代文字替代楔形文字之时就已经播下。犹太人的确是一个奇特的民族，他们没有国王、没有庙宇（后面我们还将讲到耶路撒冷在公元70年被毁的情形），使他们团结在一起的，正是凭靠《圣经》文字的力量，这也是信仰的力量。

犹太人这种精神上的团结，绝不是由祭司或政治家们通过事先计划、设想和推行而形成的。随着犹太人的逐渐发展，历史舞台上不仅出现了新的团体，而且还产生了一种新类型的人。所罗门时代的希伯来人，表面上似乎是与其他小民族一样的弱小，那些小民族集合在宫殿和庙宇的广场上，被富有心计的祭司所诱导,从而受国王的野心所统治。然而,读者们从《圣经》中可以看出来:所谓"先知"这种新类型的人,的确已经存在了。

希伯来人分化而产生的困苦越是深重,先知们的重要性也就愈加明显。

那么这些先知到底是些什么人组成的呢?其实,先知中大部分人的出身都不一样,例如先知伊齐基尔之前的身份就是祭司,而先知阿摩斯的身份则是身穿羊皮袄的牧羊人。不过在他们身上有一点是共同的,那就是他们拥有将忠诚只献给正义之神,而且他们和群众直接进行对话。

他们担任先知从不需要任何人的许可和任命。"现在,神的旨意已经降临到我身上了",这就是任命仪式。他们非常热衷于政治,所以他们时常鼓动民众起来反抗埃及,说它是"折断了的芦苇",并且也鼓动民众反抗亚述和巴比伦。先知们厌恶懒惰,他们指责祭司,也指责国王的暴虐。有些先知致力于如今我们所说的"社会改革"。他们四处宣传:富人"正在压榨穷人";奢侈的人在浪费孩子们的面包;富人与异族结交,学习异族的骄奢淫逸。而这一切全是上帝耶和华——亚伯拉罕之神所憎恶的,他必将降祸惩罚这个国家。

这种宗教精神被记录流传了下来,并得以传承。但凡有犹太人出现的地方,先知也如影随形。他们每到一处,就在那里宣扬新的宗教精神。他们引导人们脱离祭司和神庙的掌控,摆脱政府与国王的压榨,宣扬人人平等,这就是先知

希伯来人的生产和生活

希伯来人的艺术品

在人类历史上的价值所在。在塞亚（Isaiah）激昂的演讲里，先知的声音如同天籁梵音，大家将在唯一真神的庇佑下，得到统一与和平，而犹太人的预言，也在此到达巅峰。

当然，并不是所有先知都完全赞成赛亚的观点，高明之士必然会从先知们的书中发现许多有关仇恨、偏见以及在如今看来仍属有害的材料和宣传文献。但不管怎样，我不得不承认："那些被羁押在巴比伦的希伯来先知们，为人类世界贡献出一股新鲜的血液。"这股鲜血不断涌入人们的心灵，激发着人们去反抗以往禁锢人类思想的迷信力量。

第二十三章
希腊人

> 希腊民族本是雅利安人种的分支。他们是在公元前1000年以前的几百年间,才逐渐移居到爱琴海沿海城市和岛屿上的。或许在埃及法老特多麦斯第一次在自己征服的幼发拉底河流域狩猎大象之前,他们就已经来到那里了。

所罗门统治结束之后(约公元前960年),犹太人分裂成以色列王国和犹太王国,随后他们便遭到重创和流放。当巴比伦的犹太俘虏正在发展自己的传统时,另外一种影响人类文明的伟大力量也在蓬勃发展,它就是希腊传统。简而言之,当希伯来的先知们致力于在人民与永恒的、普遍的正义神之间,建立起一种新的、直接的道德关系时,希腊的哲学家们也在运用一种新的人类思维方式,它可以使人们的头脑更清晰,并开启人类的智慧。

如上所述,希腊民族本是雅利安人种的分支。他们是在公元前1000年以前的几百年间,才逐渐移居到爱琴海沿海城市和岛屿上的。或许在埃及法老特多麦斯第一次在自己征服的幼发拉底河流域狩猎大象之前,他们就已经来到那里了。要知道,在那时,大象在美索不达米亚平原,而希腊只有狮子。

希腊人极有可能就是焚毁克诺索斯城的元凶。但让人费解的是,虽然在希腊神话中有着关于米诺索斯及其迷宫,以及克里特工匠精湛技艺的传说,但却找不到与克诺索斯胜利相关的传说。

正如同多数雅利安民族那样,希腊人也有自己的歌手和游吟诗人,这样的

伊利亚特中的英雄人物

表演通常是一种极为重要的交流方式。在这个民族进入文明的最初阶段，有两部伟大的史诗得以流传。一部是《伊利亚特》，它主要记叙希腊联军如何攻打位于小亚细亚的特洛伊城的故事；另一部是《奥德赛》，这是一部历险记，主要内容说的是希腊人英明的首领奥德修斯从特洛伊回到自己岛屿的经过。这两部史诗是在公元前8-前7世纪完成的，希腊人也正是这段时期，从文明程度更高的邻国学会了字母的使用。但是，很多人都认为在这个故事出现的时候，那些史诗就早已存在很长时间了。以前，人们一直以为是双目失明的、才华横溢的游吟诗人荷马创作了这两部史诗，他们认为荷马如同弥尔顿创作《失乐园》的方式一样，是坐在那里完成这两部史诗的。至于历史上是否真有荷马其人，已无从查考；究竟是荷马创作了这两部史诗，还是他只是一位记录者，一直以来都是博学者们喜欢争论的问题。当然，我们在此就不必多费时间争论了。对我们来说，更重要的是希腊人在公元前8世纪就已经拥有了他们民族的史诗。由于这些史诗是希腊各部族共有的财富，所以它成为了联系各部族的纽带，正是有了这条纽带，希腊人在抵御外来蛮族侵略时才能形成一种合作意识。事实上，希腊民族正是通过共同的语言，而后通过共同的史诗结合在一起的。他们有着共同的品性和勇敢的个性。

从史诗中我们得知，以前的希腊人是一支没有铁、没有文字且还没有居住到城市的野蛮民族。最初，他们在被他们摧毁的爱琴人城市的废墟旁边建立村落，他们围绕着首领的大屋修盖自己的小房子。随后，他们觉得应该建立城市，于是就从被他们征服的民族当中，挑选建造庙堂的指导思想。传说在原始社会，神的祭坛是整个部族的中心，城墙是后来修建的。可是希腊人却恰恰相反，他们城市的城墙要比神庙先修建起来。以后，商业活动也得到发展，他们则开始往城市大量移民。公元前7世纪，在希腊的谷地和岛屿上建立了一系列的城市。于是，人们逐渐忘记了早期的爱琴文明城市。在一系列城市中，雅典、斯巴达、科林斯、底比斯、萨姆斯、米洛斯等新建城市都是最为重要的。与此同时，希腊人在黑海沿岸、意大利和西西里岛上加紧建设自己的殖民地。例如，如今意大利半岛的脚跟和脚指，就曾被人们称为"大希腊"；现在的马赛，正是在腓尼基人殖民地旧址上兴建起来的希腊城镇。

在此期间，很多位于平原的城邦，以及一些位于幼发拉底河、尼罗河等大河流域的城市国家，经常会因为一样的统治而得到统一。例如埃及和苏美尔的一些城邦，他们就是在同一个政府机构的统治下而统一的。但是不管是希腊还是大希腊，由于他们的境内多山，从而希腊各部族分居在一些岛城和山谷之间，各自为政。所以，当世界历史上出现希腊的时候，他们早已分裂成很多个小王国，丝毫没有统一的预兆，即便在种族上，他们的发展方向也不尽相同。这些城邦的主要居民主要由希腊系的爱奥尼亚族、伊奥里斯族、多利安族组成；而其他的一些城市的居民，是希腊人与前希腊的"地中海"族人的混血子孙；还有一些城邦，居住着一些纯粹希腊种系的自由民，俘虏在他们眼里就是奴隶，并把他们随意践踏在脚下，斯巴达正是这样的一座城市。有的城邦，实行贵族统治阶级，他们由原来的统治者雅利安家族联合组成；有的城邦，则实行民主政治，领导者由全体雅利安市民选举产生。在这些城邦里，有的城邦由选举产生国王，或者靠世袭当上国王；而在另一些城邦中，则是一些篡权夺位的阴谋家或暴君当上国王。

这些地理条件不但让希腊各城邦保持分裂状态且风俗相异，而且还让各城邦的规模非常小。即便是规模最大的希腊城邦，跟英国的许多州比起来简直是天壤之别也。这些城邦，人口最多的都不超过三四十万，而人口超过五万的城

希腊标枪手

刻有古希腊奥运图案的陶罐

市就更是屈指可数了。虽然各个城邦之间在共同的利益和信仰驱使下达成外交关系,可是并没有联盟。随着商业往来的频繁,各城邦之间开始结盟或者联盟,小城邦寻找大城邦作为庇护者。不过,最终让全部希腊人民形成统一的思想情况,则是以下两件事:第一件是史诗,而另一件则是每4年在奥林匹克举办一次的体育运动会。战争和矛盾虽然还在发生,但至少让各城邦间的冲突得到了缓和。为了让前来参加比赛的旅客受到保护,有矛盾的两个国家必须要停战。长此以往,这种共同传统所产生出来的情感也愈加深厚,有更多的城邦加入了奥林匹克运动会。到后来,前来参赛的国家不再局限在希腊各国,那些与希腊有着亲缘关系的北方国家,如艾比尔斯和马其顿,也被允许参加比赛。

随着希腊城邦的商业不断发展,它的重要性也日渐凸显。公元前7世纪,整个希腊文明的性质逐渐向着稳定的方向变化。在社会生活方面,出现了许多与爱琴文明和大河流域文明的有趣变化。虽然他们的庙宇非常宏伟,可是祭司本身却不是伟大的化身。在旧文明城邦里,祭司就是文化的智库,思想的源泉。希腊人虽然也有领袖和贵族,但他们的君主并没有被犹如迷宫的政府组织所束缚。确切地说,他们的政府机构全都是由贵族中的当权者构成,当然,这些家族间的关系也是牢不可破的。他们一贯宣扬的"民主政治",事实上,只在贵族中有效而已。固然,他们的市民都有权参加公共活动或集会,但是,读者们应该清楚,并不是每个人都可以称之为"市民"的。希腊的民主政治是把双刃剑，在给予数百或数千人以市民权的同时，还剥夺了数以万计的奴隶和自由民的参政权。对希腊实施统治的，往往都是有实力的当权者或当权派。而当权派的产生，要么通过选举，要么通过篡逆，单凭这一点，他们就与埃及法老克里特王，以及美索不达米亚王（都是由个别被神化的人担任）全然不同。因此，希腊无论在精神上还是在制度上，都有着过去文明所没有的自由。历史上最早以及最重要的共和主义者是希腊人，因为，是他们把个人主义，即北方草原游牧文明的个人主动精神带到城市。

我们察觉到，一旦他们从残酷的争战中脱离出来时，一种新鲜事物便在理智生活中显露出来。我们还发现，知识文化以往只是祭司的特权、国王的消遣，而现在，普通民众也开始在追求知识了，甚至他们还在探索生命与存在的奥秘。我们现在已知在公元6世纪，可能就是以赛亚在巴比伦演说的时候，就已经产生了如同米利都的泰勒斯和阿那克西曼德、爱非斯的赫拉克利特这种人。以我们现在的话来说，这些都是具有独立精神的绅士，是他们对我们居住的世界提出了一连串深刻的问题：世界的真正本质是什么？世界是从哪里来的？又要到哪里去？一些模棱两可的解释被他们剔除了出去。关于希腊人提出的这一系列有关宇宙的疑问，在本书的后半部分，我们将会作进一步的叙述。这些在公元前6世纪出现的希腊探索者，是世界上第一批哲学家，第一批"爱智者"。

值得我们注意的是，公元前6世纪，在人类历史上具有非同凡响的意义。当时，在希腊，哲学家们开始探讨人类在宇宙中的位置问题；以赛亚把犹太人的预言提到一个全新高度；在印度，释迦牟尼开始布道解惑；在中国，孔子和老子的学说广为流传。当然，这些时期我们在后面的内容中还要再次提起。人类的精神从雅典到太平洋产生了一种生机盎然的骚动。

第二十四章
希波战争

> 这些野蛮人并不精于作战,相反,却获得了战争的最高技术……世界上没有哪个国家拥有他们那样多的东西:金、银、青铜、华美服饰、牲畜和大批的奴隶。

在南意大利和小亚细亚的城邦中,希腊人正自由地进行理智的研究,当巴比伦和耶路撒冷的最后一批希伯来人先知在为人类创造自由意识的时候,两个具有冒险精神的雅利安部族——米堤亚人和波斯人,已经具有了古代世界的文明;并且建立了一个领土比以往更大的帝国——波斯帝国。在居鲁士统治时期,富庶的巴比伦古国和吕底亚曾一起被并入波斯的版图。与此同时,在地中海东海岸的腓尼基人的城邦,以及所有小亚细亚地区希腊人的城邦,全都向波斯朝贡。另外,埃及也被坎庇西斯征服。这样,波斯的第三位统治者,米堤亚人大流士一世(公元前521年),早已经将自己看成是世界的主宰。携带他命令的信使,在达达尼尔海峡和印度河流域间纵马奔驰,驰骋在上埃及到中亚的这片广阔土地上。不管是在意大利、迦太基、西西里岛,还是在西班牙的腓尼基人居住地,西欧的希腊人从来都没有受波斯帝国的直接统治,这是千真万确的,不过,他们仍然要对波斯帝国表示友好与尊敬。而雅利安系的塞西亚人则是唯一可以给波斯人造成严重威胁的民族,曾经在俄罗斯南部和中亚地区的游牧民族中能看见他们的祖先的身影,波斯北部和东北部边境时常是他们侵犯的对象。

这个庞大的波斯帝国，其臣民并不全是波斯人，虽然是征服者，但波斯人仍然是少数民族，在他们没来到之前，其他民族就已经在这片土地上繁衍生息了，只不过，波斯语被规定为官方语言。闪米特人把持着商业和大部分的财政，作为地中海的大港口，提尔和西顿来往着闪米特人的船只。但是，在东奔西走的过程中，大部分闪米特商人和经纪人逐渐在希伯来传统和希伯来《圣经》中，发现了有益的、互助的、共同的历史。因此，在波斯帝国境内，有一股新力量异军突起，而这股新力量就是希腊人。在海上，希腊人正逐渐成为闪米特人的强劲对手，他们那种规规矩矩且充满生机的知识结构，促使他们变为能干而无私心的官员。

希波战争，是在公元前499—前449年之间，波斯与古希腊城邦之间的一系列冲突。

大流士一世之所以入侵欧洲，主要是因为塞西亚人的缘故。因为他图谋把善于骑马的塞西亚人的故土——南俄——纳入自己的版图。他率大军渡过博斯普鲁斯海峡，借道保加利亚，最终抵达多瑙河；而后用船只拼接起来，连成一座通过多瑙河的桥，继续向北挺进。士卒们在进军过程中极其艰难。因为大流士一世的部队大多都是步兵，而塞西亚人却经常绕到他们身后切断给养，并袭击单独出行的军队，却从不肯与他们正面交锋。迫不得已，大流士只好灰溜溜地回去了。

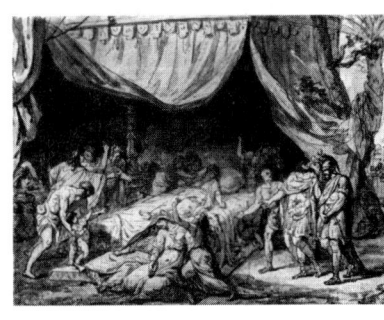

在古希腊岩洞中大流士画像

大流士只身回到了苏塞，由于他将大部队全都驻扎在色雷斯和马其顿，所以马其顿人不得不向大流士表示臣服。自从有了这次失败，先是亚洲的希腊人城邦也发生了反叛，随后欧洲的希腊人也卷入到这场动乱中来。大流士下定决心要镇压住在欧洲的希腊人。

斯巴达持长矛的重步兵

温泉关战役是第二次波斯入侵希腊中的一次著名战役。斯巴达国王列奥尼达一世率领联军在温泉关抵挡数量上远远超过他们的波斯军队长达三天，最后身亡。

他认为自己掌握着腓尼基舰队，就可以逐一攻下希腊诸岛。正是因为这个原因，公元前490年，他将自己的主攻方向指向雅典。一支不可比拟的庞大舰队，从小亚细亚和地中海东岸的各个港口出发，当远征的舰队在雅典北边的马拉松登陆时，遇到了雅典人顽强的抵抗，最终惨遭失败。

在此次战役中，发生了一件超乎想象的事情。在希腊，斯巴达一直是雅典最主要的竞争者。当波斯大军压境的时候，雅典派遣了一名擅长长跑的人作信使，向斯巴达人求援，恳求斯巴达不要坐视希腊各族人成为野蛮人的奴隶。这个使者居然用了不到两天的时间，就在这高低不平的山地上跑了一百多英里（马拉松赛跑由此产生）。当斯巴达人收到来信后，立即发兵援助。当斯巴达的军队用了三天时间赶到雅典时，除了看到战场上遍布着被击溃的波斯军队的尸体外，一切都显得那样平静，波斯舰队已退回亚洲。波斯对希腊的第一次征讨以失败告终。

但是第二次征讨，声势更猛。大流士在收到马拉松战役大败的消息后，没多久就去世了。在随后的四年里，大流士的儿子薛西斯继承了王位，他为征服希腊做了周密部署。同时，恐怖笼罩着全希腊，希腊人也因此更加团结友爱。虽然薛西斯的军队确实是世界上空前绝后的庞大军队，然而，它又是胡乱拼凑起来的杂牌军。公元前480年，波斯人故技重施，搭建造船桥成功渡过达达尼尔海峡，同时，由一群乌合之众组成的舰队运输着给养沿海岸线继续前行，在狭长的塞尔比雷甬道，斯巴达国王李奥尼达率领的一支1400

人的小分队阻挡住这支军队的去路。这场战斗惊心动魄，虽然斯巴达全军壮烈牺牲，但也同样给了波斯人以重创。经过这次战争，薛西斯的军队带着报复心理攻打了底比斯和雅典，底比斯议和投降；雅典人则弃城逃离，因此雅典城被付诸一炬。

此时，希腊似乎早已落入敌手，可就是在这种敌我军力悬殊的情况下，形势发生巨变，胜利又重新降临到希腊人头上。在数量上，希腊舰队还不到波斯舰队的三分之一，但是在萨拉米斯湾战役中，一举击溃敌军。获知已经失去给养的薛西斯无心再战，于是率领剩下的一半军队仓皇退回亚洲，而另一半人马，则在普拉太亚被全歼（公元前479年），与此同时在小亚细亚米卡尔，波斯舰队余部也被全部歼灭。

自此，来自波斯的威胁终于得到解除，亚洲的大部分希腊城邦恢复了自由。世界上第一部史书即希罗多德所写的《历史》记载了战争的整个详细过程，且配备了大量生动的绘图。该书作者希罗多德，在公元前484年左右，降生在小

希腊舰队在萨拉米斯湾战役中，大败波斯舰队。图为庞大的波斯舰队。

亚细亚的爱奥尼亚人的城邦哈利卡纳斯。他为了精准地收集史料的真实细节，游历了一遍巴比伦和埃及。麦卡尔战败后，波斯帝国内部陷入了内乱。公元前465年，薛西斯遇刺身亡，埃及、叙利亚和米提尔相继反叛，这一连串的事件引发了连锁反应，强大的波斯帝国分崩离析。希罗多德之所以撰写《历史》一书，旨在批判波斯帝国的虚弱本质。以我们现代人的眼光来看，这部《历史》更像是一种宣传刊物，是为了鼓励希腊人团结奋进，共同抵御波斯而作的宣传册。希罗多德让他笔下创造的人物阿里斯达哥拉斯，指着那时的世界地图向斯巴达人说道："这些野蛮人，并不精于作战，相反，你们却获得了战争的最高技术……世界上没有哪个国家拥有他们那样多的东西：金、银、青铜、华美服饰、牲畜和大批的奴隶，但凡你们想要，你们就有能力把这些据为己有。"

第二十五章
希腊的繁荣

> 到了公元前338年,马其顿人掌握了希腊的统治权。就算在这种情形下,这段时期的希腊人在思想、创造能力和艺术热情都达到了空前的高度,举世瞩目,致使后世常将这段时期取得的成就,看成人类智慧的源泉。

波斯战败后的一个半世纪,是希腊为数不多的辉煌时期。公元前431-前404年,雅典、斯巴达以及其他城邦为了抢地盘,爆发了伯罗奔尼撒战争,战后的希腊曾一度分崩离析。到了公元前338年,马其顿人掌握了希腊的统治权。即使在这种情形下,这段时期的希腊人在思想、创造能力和艺术热情都达到了空前的高度,举世瞩目,致使后世常将这段时期取得的成就,看成人类智慧的源泉。

雅典是这一精神活动的中心。30多年来(公元前466-前428年),雅典一直被伟大的培里克里斯管理着。这是一个胸怀宽广且富有生气的人,正是由于他的努力,才得以让被波斯人焚毁的雅典城重新兴建。到现在依然极负盛誉的富丽的雅典废墟,便是那时伟大工程的遗迹。培里克里斯不仅在物质层面重建了雅典,而且还重建了雅典的精神世界。他不仅在雅典召集了大批的建筑师与雕塑家,而且还召集了大批诗人、剧作家、哲学家和教师。公元前438年,希罗多德为了朗诵自己写的历史,从而来到雅典。此外,天文学家安纳撒哥拉斯也带着他对太阳与星象最早的科学描述来到这里,埃斯库罗斯、索福克勒斯和欧里庇得斯也先后来访,他们把希腊戏剧推上了美轮美奂的最高境界。

苏格拉底（前469－前399），古希腊哲学家。他被认为是西方哲学的奠基者。

苏格拉底头像石雕

为了争夺霸权，各个城邦展开了一场漫长的、耗资巨大的伯罗奔尼撒战争，但是培里克里斯对雅典智力生活的促进作用，一直延续到他死后。这种政治上的分歧与矛盾在一段时间内，不仅没有消磨掉人们的探索精神，反而大大激发了人们的热情。

远在培里克里斯时代之前岁月，由于制度上的自由，辩论的技巧在希腊就已经是一门非常重要的学问了。很多重要决策既不取决于国王，也不取决于祭司，而是取决于市民或者是领导阶层的集体会议。也正是因为如此，能言善辩成为人们渴求的才能，诡辩家——这种专门向年轻人传授辩论技艺的教师也就相应地出现了。如果没有事实作为根据的话，人们的话很难站住脚，于是继辩术的热潮之后，人们进而追求知识。与之相应的，考察一个诡辩家是否合格，这需要看他的谈吐是否风趣，思维是否清晰，辩论方式是否有效等等。苏格拉底在培里克里斯逝世后，以个人的智谋力战诡辩家，将他们的错误论断一一击破，从此一举成名，从而在他周围聚集着一大群才华横溢的年轻人。可是，最终他却被法院以妖言惑众的罪名判处死刑（公元前399年）。一种盛行于雅典的"高尚"死法是他的最终选择：在众目睽睽下，喝下用有毒草类炮制而成的毒药。然而苏格拉底的死并没有平息人心的动乱。所幸的是，他的弟子们继承了他的衣钵。

苏格拉底的弟子当中，最有影响力的当属是柏拉图（公元前427－前347年），他建立学院讲授哲学。他教授的学说基本分为两个方面：一是考察人类思维的本质与方法，二是探究政治制度。柏拉图是第一个向我们描绘"乌托邦"的人，那是一种不同于现有社会，比任何时代的社会更加美好的社会蓝图。以前人们总是盲目地接受传统习俗而从不提出怀疑，这本书，充分地揭示了人类这个弊端，他所表现出的胆略前所未有。柏拉图坦率地向人类疾呼："你们深受其害的社会与政治的弊端，全都控制在你们手里，只要你们有毅力和勇气去改变他们。如果你们愿意思考并付诸行动，你们完全可以生活在一个更好的制度下。你们还没有意识到自己的力量。"这种极其大胆的教导已经渗透到我们共同的理智中了。《共和国》这本柏拉图早期的著作，讲述了一个共和主义贵族的梦想。而《法律》是他最后一部未完成的著作，描绘的完全是另一个乌托邦国家的规范模式。

柏拉图（约前427年－前347），古希腊伟大的哲学家，也是全部西方哲学乃至整个西方文化最伟大的哲学家和思想家之一，他和老师苏格拉底，学生亚里士多德并称为古希腊三大哲学家。

柏拉图死后，他的学生亚里士多德继续对思维方法和政治理论进行批判，亚里士多德曾在吕克昂学院执教。马其顿的斯塔基拉城是亚里士多德的故乡，他的父亲是马其顿王的宫廷医生，而他自己一度曾是马其顿王子亚历山大的教师。这位亚历山大即位后，建立了很多的丰功伟业，这些我们在后面将会详细谈到。亚里士多德在思维方法上作出了卓越贡献，他把逻辑学提高到了一个极高的水平，而逻辑学在此后的1500年之间，一直沿用他的学说。到了中世纪，经院派学者又采用了这种古代的问答体方法。亚里士多德没有乌托邦思想，他认为人类如果要像柏拉图所说的那样，自己掌握自己的命运的话，必须要掌握越来越多的知识，越来越正确的知识。因此，亚里士多德开始着手对当时人类的知识进行系统性整理，也就是我们今天

亚里士多德（前384－前322），古希腊斯吉塔拉人，世界古代史上最伟大的哲学家、科学家和教育家之一。有"百科全书式的科学家"的美誉。

雅典吕克昂学院,图中央是柏拉图和亚里士多德。

所谓的"科学"工作。他还派遣出探险队去收集事实材料;他是自然科学史的创始人,也是政治学的奠基人。在吕克昂学院,他的学生曾对比和研究了158个不同国家的制度。

公元前4世纪,我们的确发现了某些"近代思想家"。针对生活问题的、经过训练的、批判的思想方法,取代了原始的、儿童的、梦幻般的思想方法。丑恶的、怪物般的象征主义,关于神和魔鬼的幻想,以及以往不许任何人深思探索的禁忌、敬畏和抑制等等,全被人们剔除出去;人类开始采纳自由的、准确的、系统的思维方式。这些从北方森林来的新人,带着清新和自然,闯入了神秘的殿堂,并将周围的一切照亮。

第二十六章
亚历山大大帝的帝国

> 世界上伟大的哲学家亚里士多德不仅被他聘请做儿子们的老师,而且还把自己的思想和军事经验传授给儿子们。在凯罗尼亚战役中,年仅18岁的亚历山大就已经是一位骑兵指挥官。正因为这样,他才可能在20岁即位后,立即就继承了父亲的遗志,成功完成了征服波斯的宏图大业。

伯罗奔尼撒战争从公元前431年一直持续到公元前404年,这大大地消耗了希腊的国力。然而与此同时,在希腊的北边,日渐强大起来的马其顿,文明程度获得了极大的提高。马其顿语和希腊语非常相似。公元前359年,贤能且雄心壮志的菲利普,继承马其顿的王位。曾几何时,菲利普作为人质被囚居在希腊,所以他受到的教育,纯粹是希腊式教育。菲利普极有可能是受到希罗多德思想的影响,他认为一个联合起来的希腊人一定可以征服亚洲,哲学家伊索克拉底曾经也支持这种观点。

菲利普首先扩张了自己的王国,然后对军队进行改编。在1000年以前,决定战局胜败的主要因素,历来都是具有攻击性的战车和近战的步兵,虽然骑兵也参加战斗,不过全都是一些未经正规训练且没有战术的散兵群。在战斗中,菲利普将他操练的步兵排列成密集的阵形,这就是著名的马其顿方阵;同时对那些马背上的绅士——骑士,以及他们的随从加以操练,把他们编入军队参加战斗,于是骑兵就建立起来了。骑兵在战场上驰骋是他采用的主要战术,他的儿子亚历山大后来也继承了这种战术。在双方交战时,步兵方阵与敌军步兵正

马其顿方阵,是一种早期步兵作战时的战术。在荷马时代以前,步兵打起仗来像一窝蜂似的杂乱无章,所以,具有严格阵法的马其顿方阵能轻易地打败数量上占优势但较混乱的敌人,这在当时可以说是战术上的创新。

面交战,而骑兵则在敌军的两翼来回冲击,以损失敌方的马匹,时而从侧翼或者背后攻击敌人。同时战车的马匹也被弓箭手所射杀,所以战车也就完全失去了作用。

这种新型的军队帮助菲利普扩大了自己的疆域,使其穿过色萨利一直伸延到希腊。公元前338年,菲利普与雅典及他们的盟军在凯罗尼亚交战,从而一举征服整个希腊。而希罗多德多年的梦想也终于一步步地走向实现。在此之后,菲利普被希腊各城邦举行会议时推选为希腊——马其顿联军的最高统帅,从而可以与波斯抗衡。公元前336年,他的一支先锋队终于来到亚洲的地面上,从而他蓄谋已久的冒险活动开始了。但是极为遗憾的是,他再也不能亲自统率大军征战了,他被人刺杀了。根据记载,此次暗杀的主谋是王后——亚历山大的母亲奥林匹阿斯,奥林匹阿斯之所以如此,传说是因为菲利普娶了第二个妻子而心生妒意。

在子女的教育上面,菲利普大费周折。世界上伟大的哲学家亚里士多德不仅被他聘请做儿子们的老师,而且还把自己的思想和军事经验传授给他的儿子们。在凯罗尼亚战役中,年仅18岁的亚历山大就已经是一位骑兵指挥官。正因为这样,他才可能在20岁即位后,立即就继承了父亲的遗志,成功完成了征服波斯的宏图大业。

为了建立和巩固在马其顿和希腊的统治地位,亚历山大整整花费了两年时间才得以完成。公元前334年,亚历山大挥师亚洲,并且在格勒奈克斯战役中打败了一支并不强大的波斯军队,然后占领了一些小亚细亚城市。然后接着沿海推进,所向披靡。由于提尔和西顿的舰队仍然被波斯军队掌控着,所以他们依然掌握着海上的主动权。为了保持军需给养,所以,亚历山大每攻陷一座城池便留下一部分军队驻守,这才不致让自己身后的城市落入敌手,从而波斯舰队也就无法登陆。公元前333年,亚历山大发动了伊苏斯战役,迎战大流士三世统率的大军,并且一举歼灭了他们。与150多年以前航行到达达尼尔海峡的薛西斯大军一样,大流士三世的军队也是一支临时拼凑的杂牌军;同时,他失败的原因还在于,他让大批宫廷官吏、妃嫔、侍从等非战斗人员随军出征,拖累了作战部队。西顿抵挡不住,便向亚历山大投降,可是提尔却仍然顽强抵抗。于是亚历山大便发动总攻并攻克下来,提尔城也无可避免地遭受了洗劫和毁灭,遭遇同样结果的还有加沙城。公元前332年岁末,亚历山大终于攻占了埃及,这个城市终于被亚力山大从波斯人的手里夺了过来。

在埃及,亚历山大修建了一些以亚历山大命名的城市与建筑,为了防止叛乱,他修建了很多条大道,让这些城市相互联系,同时也互成制约。不久,腓尼基人各个城邦的商业也全都转移到这些城市。西地中海的腓尼基人,忽然就莫名其妙地从历史长河中消失了。同时,亚历山大新建的商业城市,很快就出现了犹太人。

公元前331年,与之前的托多梅斯、莱梅斯和尼科等人一样,亚历山大从埃及出兵,对巴比伦进行征讨,但此次与以往不同的是,他借道提尔。在位于早已被

伊索克拉底(前436—前338),是希腊古典时代后期著名的教育家,主要教授修辞学和雄辩术,以培养演说家为己任。

亚历山大大帝(前356—前323),是古希腊北部马其顿的国王。30岁时,创立古代历史上最大的帝国。他一生未尝败绩,被认为是历史上最成功的统帅之一。

亚历山大大帝建立亚历山大城

人遗忘的尼尼微城堡附近的阿尔比勒城，他们与大流士三世的军队进行了决战。对阵中，波斯的战车先锋队头一个遭到惨败，马其顿的骑兵先锋队乘胜追击，而步兵方阵则在后压阵，波斯帝国冗杂的队伍被全部击退。无心再战的大流士三世率军败退下来，向北方的米提亚地区逃去。于是，亚历山大便占领了当时依然非常繁华的城市巴比伦，紧接着又挥军直取修泽和珀塞波利斯，并在那里举行了盛大的庆功宴，筵席后将曾是"王中之王"大流世的宫殿付之一炬。

没多久，亚历山大大帝在中亚举行大阅兵，然后挥师向波斯帝国的最远边境前进。在最初，他向北进军，目标是歼灭大流士三世。终于在黎明时分，他追上了大流士三世，这完全是因为大流士三世被自己的部下出卖算计了，此时的他正躺在战车上一动不动；其实，希腊先头部队抓获他的时候，他还没有咽气，可是等到亚历山大来到后，他却已经死了。亚历山大继续沿着里海进军，他们翻越了土耳其西部的山区，并且越过赫拉特城（他亲自建立的城市）、卡布尔和开伯尔山口，进入印度。于是，亚历山大与印度国王波鲁斯在印度河畔发生了一场激烈的战斗，这是马其顿军队首次遭遇象阵，不过他们还是赢得了胜利。

亚历山大大帝的帝国

第二十六章

最终，他命令大军自造舟船，顺印度河而下，来到印度河入海口，沿着荒凉的海岸往回航行，终于在出征的 6 年之后，即公元前 334 年，回到了修泽。之后，亚历山大开始着手巩固和整顿自己打下的江山。为了赢得新臣民的民心，他穿上波斯王的长袍，并且戴着波斯王的头巾。可是这一举动却让他的马其顿将领心生猜疑，给他带来了不少麻烦。他积极促成马其顿官员与波斯、巴比伦妇女结婚，这就是著名的"东西通婚"。但是，他终究还是没有完成自己的统一大业，在巴比伦的一次庆功宴上，他与人拼酒，不幸患了伤寒，于公元前 323 年逝世。

亚历山大的军号队遭遇象阵

亚历山大死后，他创建的庞大的帝国马上便被瓜分了。原来属于波斯帝国的大部分国土，即从印度到艾菲索斯的一大片土地，被他的一位将领塞流古斯夺得了；埃及则被另一位将领托勒密占据了；马其顿则被安提戈努斯纳入囊中。而剩下的残部也陷入内乱，地方势力你争我夺，战争连年不断，何时结束遥遥无期。随后，北方蛮族大举南侵，日渐取得大片土地。最后，一个新的帝国——罗马共和国，在西方大地上崛起。它慢慢征服了邻近的小国，建立了一个统一的，统治时间更久的新帝国。这些内容我们将会在下文中详叙。

亚历山大正在骑着他的爱马出征

第二十七章
亚历山大城的博物馆与图书馆

> "现代历史"真正意义的开始,始于亚历山大博物馆和图书馆的建立,它标志了人类历史新的开始。因为到了此时,我们今天所说的理智过程的明确才刚开始萌芽;也正是因为这两个地方,我们今天才有了对知识的系统整理和分类。

古希腊亚历山大帝国货币

古希腊城邦雅典发行的四德拉克马银币

在亚历山大还未统治之前,波斯帝国的绝大部分土地上遍布着希腊的商人、艺术家、官员和雇佣兵。经过几次残酷的战斗,薛西斯死亡了,赛诺芬率领的一万多人希腊雇佣兵团在历史的舞台上扮演了非常重要的角色。在赛诺芬的著作《一万士兵的撤退》中,详细地描述了这个雇佣兵团从巴比伦返回希腊的亚洲部分的整个经历,这本战斗故事的书是世界上第一部由一位亲临战场的将军著述的。希腊人和他们的语言、风俗、文化进一步渗透到古代世界的每个部分,这完全要归功于亚历山大的远征,以及他短暂帝国被其属下将领们的瓜分。甚至连遥远的中亚和印度西北地区都能找到这种传播和渗透的痕迹,印度艺术很显然深受希腊文化的影响。

几个世纪以来,雅典一直都是世界艺术和文化的中心。一直到公元529年，雅典的文化学校才停止开办。换言之，这种学校开办了大约1000年。世界精神文明的领导中心在这个时期，终于跨过地中海，来到由亚历山大兴建的商业之都亚历山大城。与此同时，一位将军在马其顿王宫即位为国王，他就是托勒密，围绕在他身旁的人全都讲希腊语。托勒密在即位前，就已经与亚历山大有了深厚的友情，也正是因为这个原因，亚里士多德的思想也深深地影响着他。他以极大的热情和卓越的才能，积极致力于知识的传播和研究，并且还撰写了《亚历山大远征史》，但遗憾的是，这本书早已失传。

托勒密一世（前367—前283），埃及托勒密王朝创建者。公元前323年在亚历山大的帝国第一次分裂时，出任埃及总督，并于公元前322年杀死亚历山大任命的埃及行政长官克里昂米尼。公元前305年，他在埃及称帝，建都亚历山大里亚，并修建图书馆（即亚历山大里亚图书馆）和博物馆。

虽然亚历山大在世的时候，为亚里士多德提供了巨额经费以支持科研，但第一次建立长久性的科研基金，则是在托勒密时代。亚历山大城有一座表面上是为缪斯神修建的庙宇，实则是亚历山大博物馆。在通过两三代人的努力下，在亚历山大城完成的科学成果空前辉煌。这里涌现了大批的科学大师，例如欧几里德、埃拉托色尼（他所测量的地球直径与地球实际直径仅仅只差50英里），还有《圆锥曲线论》的研究者与作者阿波罗尼奥斯，以及首次绘制星象图和星象表的希帕卡斯，设计出第一代蒸汽机的希罗等。这些人在科学开拓者队伍里面闪耀着夺目的光辉。就连阿基米德也慕名从叙拉古来到亚历山大求学，并且在此后的岁月里多次与博物馆通信。而当时希腊最伟大的一位解剖学家赫罗菲拉斯，也来到亚历山大城学习，根据传说，他曾经做过活体解剖试验。

托勒密在前320年占领耶路撒冷

在托勒密一世至托勒密二世统治的几十年里，一个知识与认识世界的繁盛期出现在亚历山大城。而在16世纪以前再没有出现过这种繁盛期。但是，很可惜的是这段时期并不长久。之所以如此迅速地衰落，或许是多种原因使然，不过根据已故的马哈菲教授的说法，这里面最重要的原因在于，这个博物馆里的教授与科研人员全都由埃及国王任命及供养，成为了一所不折不扣的"皇家学院"。博物馆的日常运行，在亚历山大一世（亚里士多德的学生与朋友）统治时期，一切正常。但是自托勒密以后的各代国王渐渐被埃及同化，慢慢地被埃及祭司和宗教所禁锢，原有的深入研究被人为地停止了。探索精神在他们的严格控制下被扼杀了。正是因为如此，在早期有过创举的一百年后，博物馆再也没作出什么突出的贡献。

为了让最先进的思想发现最新的知识，托勒密一世曾尝试建立一个百科全书式的知识宝库——亚历山大图书馆。这个图书馆不仅仅只是一个存放书籍的仓库，更是一个复制图书以及买卖图书的场所。无数的图书抄本在这里被大量复制，向世界传播开去。

"现代历史"真正意义的开始，始于亚历山大博物馆和图书馆的建立，它标志了人类历史新的开始。因为到了此时，我们今天所说的理智过程的明确才刚开始萌芽；也正是因为这两个地方，我们今天才有了对知识的系统整理和分类。

历史上，任何伟大的研究工作和传播工作都会遇到重重阻碍，其中最大的社会鸿沟便是将哲人即绅士与商人、工匠隔离开来。虽然那时候已经出现了大批的玻璃工人和金属工人，可他们与思想家没有一点精神上的交流。生产各种美丽的多彩珠玑和器皿是玻璃工的主要工作内容，可是他们从来不做试管与透镜，他们对那种纯净透明的玻璃没有丝毫兴趣。而各种武器和珍宝是金属工人们的主要制造产品，但是他们却从未制作过化学上使用的天平。而那些哲人们，也只是不知所以地钻研着他们的原子和事物的本质，至于什么釉料、什么颜色、什么春药等事物的实际操作则一无所知。正是因为他们对物质的不感兴趣，所以导致在亚历山大短暂的统治时期中，世界上既没有发明显微镜，也没有发现化学。希罗发明的第一台蒸汽机，除了在医学领域起到了微乎其微的作用外，它既没能安装在动力上,也没能安装在船舶上发挥它的实际效能,似乎科学毫无实际用途。同时,科学并没有受到实际应用的影响而进一步发展。因此,除了托勒密一世和托勒密二世日渐淡漠的好奇心之外,再也没有什么能够刺激科研工作的继续发展了。各项博物馆的发现,全都被记录在永远没人看的手稿上,从未受到人们的关注;这种情况一直持续到文艺复兴时期,人们心中对科学的好奇心这才开始复苏起来。

与此同时,图书的制作和传播依然没有得到亚历山大图书馆的任何改进。在古代,用纸浆做成固定大小的纸张还没有问世。虽然那时中国已经发明了纸,但这种纸直到公元9世纪才传到欧洲。而当时图书的制作材料非常原始,所谓书籍就是用羊皮纸或用狭长的纸莎草一张张拼凑的书页。更何况,纸莎草经常起卷,严重阻碍了装订与印刷,翻阅起来非常不方便。人类远在旧石器时代就已经对印刷知识有了初步的发现,最好的佐证就是古代苏美尔人发明的印章。可是,即便掌握了印刷技术,如果没有大量的纸,图书印刷则毫无利益可言。同时,图书复制行业也有可能阻碍了印刷技术的进一步发展。虽然亚历山大时代出现了大量书籍,可造价过于昂贵,使得书籍除了权贵阶级能够拥有之外,其他人无法得到。

也正是因为这样,才导致托勒密一世与二世所集聚的哲学家圈子以外的人们,无法享受到当时知识事业的光亮。这就好比一盏置身于黑暗之中的灯,只能照亮周围的人,而光线之外的人则仍然一无所知。他们的生活依然是一成不变,他们全然不知即将改变世界的科学种子早已播下。很快,亚历山大城终于被偏执和食古不化的黑暗所笼罩。自这以后的1000年间完全进入了黑夜之中,这种黑暗也把亚里士多德种下的科学幼苗给淹没了。但是,这棵幼苗最终还是无可阻拦地抽枝、生长,终于在短暂的几百年里得到普及与发展。我们人类今天生活的知识和思想便是由此而来的。

在公元前300年,希腊的知识文化中心并非只有亚历山大城一个。在短暂的亚历山大帝国分裂以后,许多城邦不断涌现,文明灿若星河。例如思想和科学延续200余年的西西里的希腊人城市叙拉古;又如曾经拥有过大型图书馆的

古老的亚历山大图书馆复原图

小亚细亚的佩尔加蒙。但最后，来自北方蛮族的侵略让光辉灿烂的希腊文明遭到了破坏。例如在北欧兴起的蛮族高卢人就曾经向这里大举进犯，他们沿着希腊人、弗利吉亚人和马其顿人祖先走过的路线源源不断向这里扩张，所经之处，必然遭到烧杀抢掠。继高卢人之后的罗马人也同样以野蛮著称，他们从意大利开始，对大流士和亚历山大帝国的整个西部逐个击破，并一一征服。聪明是罗马人的民族特性，但缺乏想象力也是这个民族的特性，他们对法律与利益的重视程度要高于科学和艺术。与此同时，一支新的侵略者从中亚出兵向塞琉古王朝进发，并占领了该王朝，这使得印度与西方的联系又一次被切断了，他们便是马背上的民族——柏提亚人。公元前300年，他们袭击希腊系波斯的裴尔塞波里斯和苏沙的方法，便是模仿了公元前700年米提亚袭击波斯人的战术。此外，来自东北亚的一支游牧民族也向此杀来，但是这一次，这支人种并不是金发碧眼，说亚利安语的北欧民族，而是有着黑头发、黄皮肤、说蒙古话的民族。关于他们的情况，我们将在后面的章节作详细论述。

第二十八章
释迦牟尼的故事

> 释迦牟尼认为：人的生存欲望主要表现在三种形式上：第一种是食欲、财欲和感官上的各种欲望；第二种是自私的、利己的、求生的欲望；第三种是个人的成功欲、名利欲和贪欲，这三种欲望形式全都是罪恶的。如果想要避开人世间的种种不幸和烦恼，则要对这形形色色的欲望加以克制。

至此，我们不得不退回300年，给大家介绍一位伟大的导师，这位导师给整个亚洲的宗教思想和宗教情感带来了天翻地覆的改变，这个人就是释迦牟尼。大约在以塞亚对巴比伦的犹太人预言未来，赫拉克利特在爱菲索斯研究万物本质的同一时间，在印度的贝拿勒斯地区，释迦牟尼也在普度众生。虽然这几个人生活在同一个时期，即公元前600年，但他们对彼此却一无所知。

公元前6世纪在人类整个历史时期占据着重要的位置。在这时候，全世界的任何地方包括我们即将讲述的中国，全都显示着人类精神上一种全新的气魄。逐渐从皇权、祭司、血腥祭祀中醒悟过来的人类，提出了大量深刻敏感的问题。换言之，人类正在从2万多年的童年向青年时代走去。

早期的印度历史，至今仍不明朗。根据推测，一支生活在公元前2000年的雅利安语系部族，曾经一次或屡次从西北方入侵印度。正是如此，才导致如今印度北部的大部分地区遍布着他们的语言和传统。梵语其实就是雅利安语系的一支。这些侵略者在印度河流域以及恒河流域发现了一支文明程度更高的褐色皮肤民族，只不过意志活力并不高。与希腊人、波斯人不一样的是，这支民族

赫拉克利特（约前530—前470），是一位富传奇色彩的哲学家。他将王位让给了他的兄弟，自己跑到女神阿尔迪美斯庙附近隐居起来。

释迦摩尼，即悉达多·乔达摩，古印度释迦族人，生于现在尼泊尔的南部，佛教创始人，后被尊称为释迦牟尼。中国称其为佛祖。

似乎从不与先前的居民自由杂居在一起，他们向来喜欢独自居住。当印度过去的历史逐渐在历史学家面前显示轮廓时，印度的社会早已被分成了不同的阶级，同时每个阶级又被分成若干等级。阶级不相称的人不可以同时同地用餐、结婚，更不能随便交往。社会等级正是由此演化而来的，印度的整个历史都被这种种族制度所贯穿，这是印度民族之所以与自由通婚的欧洲人种、蒙古人种社会的不同之处。这简直就是多元化社会中的一个单独社会。

原本是喜马拉雅山麓一个小国王子的释迦牟尼，他19岁时迎娶了自己美丽的表妹。他的领地阳光充足、树木繁茂、清流急湍，他就在这样的世界里狩猎、戏耍和游玩。可是他逐渐地又开始厌倦了这样的生活，想要工作的愿望深深困扰着他。这样的生活让他感觉不到快乐，或许这种漫无边际的闲适根本就不算是真正的生活。

病与死的感受使他的心里生出对各种欢愉、焦虑和欲求的感受。正当他被这种心情困扰的时候，一位四处流浪的苦行僧进入了他的世界。在当时的印度，这种四处乞讨的苦行僧数不胜数。他们生活在苛刻的戒律下，时刻反省自己，并且探索宗教真谛，更加深刻的生活似乎是他们一直追寻的结果。而这种生活方式深深打动了释迦牟尼。

传说他正在盘算这个计划的时候，他的妻子刚刚为他生下了一个儿子，他忽然意识到"这又是一个我将要摆脱的束缚啊"。为了庆贺"新束缚"的降生，亲友和臣民们举办了盛大的晚会，他就在这样一种喜

释迦牟尼佛画

气祥和的氛围中回到了家。可是就在夜晚入睡的时候，一种极为强烈的精神痛苦让他惊醒，这种感觉就好像有人忽然被告知他家的房子着火了一样。他痛定思痛，决定放弃这种虽然幸福却没有追求的生活。于是他静悄悄地摸到妻子的房门外，借着昏暗的油灯，他看见妻子的床前摆放着各色鲜花，而他刚刚出生的孩子正在自己妻子的怀里安睡着。忽然，他产生了一种强烈的冲动，想要抱一抱自己的儿子，这或许是他第一次拥抱自己的孩子，同时也是最后一次。可是，他又怕将妻子吵醒，最后还是打消了这个愿望。他转过身去，来到月光之下，策马扬鞭而去。

这个夜晚，他马不停蹄地赶了很远的路程，终于在黎明时分，脱离了自己部族的势力范围。他驱马来到河边的沙滩上，然后下马，用剑将自己的头发全都剃光，再把身上所有的首饰和挂坠全都摘下，把它们连同宝剑一块放在马背上，

公元4世纪的释迦牟尼佛像

佛陀于菩提树下参悟

佛祖35岁时的等身像

希望马儿能把自己的信物遣送回家。然后他继续往前行走，不久看见了一个破衣烂衫的农夫，于是就与他互换了衣服。尘世间的一切羁绊，就这样被他全部了断，而迎来的将是对人生哲理的自由求索。他向南方的文迪亚山走去，终于在那儿的一处险峻之地停下了脚步，这是一个经常有隐士和大师出没的地方。非常幸运，他找到了居住在一个狭小洞穴里的几位贤人。进城化缘是这些人维持生计的方式，每逢有人来访，便向来者面授机宜。但由于释迦牟尼早就对形而上学有了较为全面的了解，所以这些人给出的答案并不能满足他。

印度人始终信仰这样一个原则：若想获得能力与知识，只有通过艰苦修行、绝食和冥想才能达成所愿。释迦牟尼跃跃欲试。于是，他就带上五个弟子，一起隐居到山林深处，开始绝食、苦行。此后，他开始声名远扬，就如同一口悬挂在天空的巨钟，响彻云霄。可是这样做并没有让他感到自己获得真理。某天，他正在散步（其实是一种精神呈游离状态的思索），忽然，他失去知觉跌倒在地，等他苏醒过来后，他才幡然醒悟，这种近乎迷信的方法是无法获得知识的，这样的想法也是非常荒谬的。

他开始正常饮食，并且不再继续苦行。同行对他的这一行为感到极度震惊。而释迦牟尼所感悟到的则是：无论人类要掌握何种真理，健康的体魄和清醒的头脑，才是最为重要的前提。这种主张在当时的印度是离经叛道的，所以他的门徒弃他而去，他只好闷闷不乐地回到贝拿勒斯，独自求索了。

解决一个错综复杂的问题总是让人难以决断，胜利一天不来,你就无法察觉到它一步步地进展,而释迦牟尼的情况正是如此。直到某一天,他正在河边的菩提树下吃饭,突然感觉到自己获得了某种明朗的启示,他对人生似乎大彻大悟。后来人们传说,当时他就在那棵菩提树下端坐了无数个日夜,沉浸在这深刻的冥想当中。随后起身,将自己悟到的真理传播给世界。

他重回贝拿勒斯,找到过去的弟子,将自己悟到的新教义讲给他们听,于是他又重新获得他们的信任与尊重。这些人在贝拿勒斯国王的鹿苑里盖起了自己的住所,同时这也是一切寻求真理的人们的学校。

他把自己的亲身经历作为教义的开始:"身为一个富足青年,为何我不能完全快乐起来?"这是一个完全不同于泰勒斯和赫拉克利特纠结于宇宙研究,而忽略本身外在好奇心的内心自省问题;同时也与繁荣时期的先知们,给希伯来精神带来无我的道德义务有所不同。这位印度的灵魂导师进入了无我的境界,在有我和无我的探索之中苦苦思索。他指出:个人贪欲是一切苦恼的源泉,如果一个人无法将自己的欲望控制住,那他的人生将会苦难无比,最终也逃不出悲惨的结局。人的生存欲望主要表现在三种形式上:第一种是食欲、财欲和感官上的各种欲望;第二种是自私的、利己的、求生的欲望;第三种是个人的成功欲、名利欲和贪欲,这三种欲望形式全都是罪恶的。如果想要避开人世间的种种不幸和烦恼,则要对这形形色色的欲望加以克制。若能克服这些欲望进入无我境界,那么人的灵魂就会得到宁静,进入到涅槃境界。

这种极其玄奥、形而上学的道理便是他教义的主旨。与希腊人对教义敢想敢看的教训比起来,希伯来人敬畏上帝行使正义的指令,让人更加难以理解。就也是释迦牟尼的嫡传弟子所无法领悟的真义之一。所以,一旦他个人的直接影响逝去之后,他原本的教义就必然会以讹传讹。在印度流传着一种极其普遍的信仰,人们认为时隔一段时间就会有位智者降临在世上,而他便是佛陀的化身。释迦牟尼被其弟子宣称为佛陀,且是最后的一位佛陀。当然,他本人曾经是否接受了这一称号现在已经无从考证。其实当他还在世的时候,就已经产生并流传了一系列与他相关的幻想式传说。与道德的说教相比起来,大家好像更愿意

佛祖圆寂

接受传奇故事，也正是如此，释迦牟尼便成了至善至美的化身。

即便是这样，释迦牟尼还是给世界带来了很多实质性的东西。如果一般人的想象力确实无法设想出涅槃境界，释迦牟尼平凡的生平故事被印度人编成神话的冲动过于强烈的话，那人们至少还是抓住了释迦牟尼倡导的生活中"入正道"的真实含义。而"入正道"的全部内涵无非是以下几点：始终不动摇正直的精神，正确的目标，正确的语言，正确的行为，正确的主张和真实的生活，以及上进的意识和高尚的情操。

第二十九章
阿育王

> 释迦牟尼深刻而伟大的教义在他离世后的时间里，人类最高的善是自我克制的主张，得到了首次公开承认。虽然没有在当时的世界上得到普及，但在后世，却将一位世所罕见的英明君主征服了。

释迦牟尼深刻而伟大的教义在他离世后的时间里，人类最高的善是自我克制的主张，得到了首次公开承认。虽然没有在当时的世界上得到普及，但在后世，却将一位世所罕见的英明君主征服了。

在上文中我们曾提起过，在亚历山大入侵印度时，波鲁斯在印度河畔与之交战。按照希腊历史学家的说法，当时旃陀罗笈多（月护王，印度孔雀王朝的开创者）曾求见于亚历山大，希望说服亚历山大进军恒河，从而可以全盘征服印度。但苦于亚历山大手下的马其顿人，不情愿孤军深入到一个陌生的环境中去，所以这个建议遭到了亚历山大的拒绝。公元前321年，没有得到希腊人支持的旃陀罗笈多，得到了大部分山地部族的支持，从而使他在印度北部建国的梦想得以实现。之后，在公元前303年，旃陀罗笈多又击溃了盘踞在

旃陀罗笈多·孔雀（前340—前298），又称月护王、旃陀罗崛多，是印度孔雀王朝开国君主，于公元前320－前298年间在位。

阿输柯·孔雀（约前304－前232），常被简称为阿育王（音译阿输迦，意译无忧，故又称无忧王），印度孔雀王朝的第三代君主，是频头娑罗王之子。他是一位佛教徒，后世称为佛教护法。

阿育王的三狮石像

旁遮普地区的塞流西一世，希腊势力的一部分也被他从印度驱逐出去。然后，他的儿子进一步向这个新帝国进行扩张，而他的孙子，就是我们即将要介绍的阿育王，则在公元前264年，征服了从阿富汗至马德拉斯的广袤的领土。

阿育王在开始的时候，想用父亲与祖父的方式，用武力将整个印度半岛征服。公元前255年，他挥军马德拉斯东海岸，在羯陵伽国取得了重大胜利。可是与其他入侵者不一样的是，他在亲眼目睹过这场战争的惨烈之后，就对战争产生了极大的厌恶感，于是他下定决心不再打仗。之后，佛教的和平主张被他采纳了，并且宣布，从此以后的征服全都必须是精神上的征服。

阿育王统治的28年，在人类充满灾难的历史上书写了最为光辉耀眼的一页。在印度，他征调了大量人力、物力，去开发水源、植树、保护环境；并且还兴办了不计其数的医院、公园和药草种植园；他专为印度土著和隶属民族建立了一个保护机构，并且为妇女制定了一套教育制度；他拨出巨款给佛教布道者，用来鼓励他们整理、研究和批判所收集到的经文，因为佛祖留下来的神圣教义，此时已蒙上了迷信与荒谬的色彩。与此同时，阿育王还不断地向喀什米尔、波斯、锡兰和亚历山大派出佛教布道者。

这便是阿育王——印度最伟大的国王。他远比自己所处的时代更为进步。可惜的是，在他去世后不到100年，他所创立的光辉盛世只能成为后世印度的美好回忆，因为从此之后，印度就再也没有繁荣统一过，这完全是因为阿育王没有留下一位继承其事业的王子

印度德里的阿育王城门遗址

和国家组织的结果。印度社会最高等级的阶层是婆罗门阶层,他们拥有至高无上的特权,由于他们自始至终就对佛教光明正大的教义进行污蔑,所以佛教对这片土地的影响也被他们一步步地削弱了。以往各种稀奇古怪的神,以及大量印度教的仪式又恢复了统治权。阶级分化也在一天天变得严重和复杂。佛教与婆罗门在很长的一段岁月里并驾齐驱,共同繁荣。但在此后,佛教衰败的形势不可阻挡,统统被形式多样的婆罗门所取代。尽管佛教最后没有在印度开花结果,但它还是跨过印度的国界,漂洋过海,向更为广阔的地区流传开来,这其中就包括了中国、泰国、缅甸和日本。如今,佛教仍然在这些国家占据主导地位。

第三十章
孔 子

> 根据推测，中国的原始文明很可能是浅黑色人种的文明，这一点跟原始的埃及文明、苏美尔文明、德拉维文明出奇地一致。按照如今最古老的记载，中国的原始文明也出现过被征服、被融合的现象。但无论如何，中国到了公元前1750年左右，就已经产生了诸侯和封国这种庞大集团了。

至此，还有两个伟大的人物我们不可不说：孔子和老子。他们都生活在思想高度发展的公元前6世纪——人类开始走向青春期的时刻。

本书到此为止还未曾提到过中国早期的历史，这是由于它至今仍然还不明朗。我们只能将希望，全都寄托在如今正在成长的中国探险家和考古学家们身上了，希望他们可以像20世纪欧洲的历史学家探索欧洲历史一样，去探索中国的过去。在很久很久以前，中国最早的文明，在黄河流域生长起来，这也是原始的日石文化。中国的原始文明与埃及、苏美尔文明一样，也具有日石文化的常有特征。庙宇是当地人生活的中心，而主持节日祭祀仪式的祭司或是祭司兼国王，就居住在这些庙堂里。当时那里的城市生活，想来一定跟六七千年前埃及人和苏美尔人的生活相似，或者与1000多年前中美玛雅人的生活也非常类似。

假如中国在以前也用活人献祭的话，那中国也应该在有史记载之前，就改由动物来替代了吧。中国在公元前1000年前，就已经出现了象形文字。

如同欧洲和西亚的人民抵抗来自沙漠和北方的游牧民族一样，早期的中国

文明，也时刻遭到北方野蛮牧民的袭击。这些不同部落的牧民，语言和生活方式都很相似。不同的历史时期，侵略者的称呼也有所不同，他们相继是匈奴人、蒙古人、土耳其人和鞑靼人。他们一直在变化、分化、融合、重新融合，这就好比北欧和中亚的日耳曼人，虽然他们在称呼上不断变动，但本质一成未变。

这些蒙古系的牧民比日耳曼人更早驯服马匹。他们极可能早在公元前100年就已经在阿尔泰山附近发现了铁。与西方的历史发展一样，东方的牧民也屡次在政治上获得统一，而且成为当地居民的征服者和管理者。

正如同欧洲文明和西亚文明不等同于日耳曼人和闪米特人的文明一样，早期的中国文明也极可能不是蒙古人的文明。根据推测，中国的原始文明很可能是浅黑色人种的文明，这一点跟原始的埃及文明、苏美尔文明、德拉维文明出奇地一致。按照如今最古老的记载，中国的原始文明也出现过被征服、被融合的现象。但无论如何，中国到了公元前1750年左右，就已经产生了诸侯和封国这种庞大集团了。所有的诸侯国都要向即是祭司又是国王的天子朝贡，献上或多或少的贡品。公元前1125年，商殷王朝覆灭，取代它的是周朝。尽管周朝的统治并不是十分有力，但还是勉强维系着中国统一的局面。而这种统一，一直延续到印度的阿育王和埃及的托勒密王朝时代。周朝的统治漫长而松散，导致诸侯国拥兵自重，中国也开始显现分裂的局面。连年入侵的匈奴在蚕食着中国的领土，并且建立国家。而诸侯们也逐渐各自为王，不再向周天子进贡称臣。有位中国历史界的专家曾说：中国到了公元前600年，实际上已经出现了一些五六千个独立国家。而这一时期在中国历史上被称为"春秋战国"。

虽然春秋战国时代，各国连年征战，但丝毫不影响思想文化活动的进行，也不影响更多带着地域色彩的文明中心涌现出来。一旦我们对中国历史更加深入的了解后，便会恍然大悟：原来中国也有着他们自己的米利都、雅典、佩尔加蒙和马其顿。由于与这段时期有关的知识我们知之甚少，所以还无法理出头绪给读者呈现一条完整连贯的线索，所以只好在此为大家作一个笼统的说明。

希腊在分裂时，仍然有哲学家产生；当了亡国奴的犹太人，也有先知降临；战乱频频的中国，在当时也出现了哲学家和教育家。或许是多难兴邦，或许是

孔子（前551—前479），名丘，字仲尼，汉族，春秋时期鲁国陬邑（今山东曲阜市）人。春秋末期的思想家和教育家、政治家，儒家思想的创始人。华夏上古文化集大成者，被誉为孔圣人、至圣、至圣先师、万世师表，是"世界十大文化名人"之首。

宝剑锋从磨砺出，战火激发了精英们的精神。孔子出身官宦世家，开始时在鲁国充当小吏。或许是跟希腊人冲动时的心情一样，他创办了学校，开始传授知识，同时也发现知识。中国当时那种礼崩乐坏的局面让他焦虑不已。他热爱生活也热爱政治，为了完成他憧憬的大同社会，他开始周游列国，希望能够找到在立法与教育等方面实施他建议的君主。可他至死也未曾找到这样一位开明君主。虽然曾经遇到过这样一位，但最后却因为同僚的逸言损害了他的声誉，不得不导致他的愿望告吹。有意思的是，在150年后的希腊，哲学家柏拉图也有过相似的经历，但他比孔子幸运很多，甚至还一度成为西西里岛叙拉古国王迪奥尼修斯的顾问。

不得志的孔子郁郁而终。临死时，他不无遗憾地说："能把我当作老师看待的贤明君主还没出现，我就要死了（出自《礼记·檀弓上》'夫明王不兴，而天下其孰能宗予，予殆将死也'）。"但他的学说和主张，比他在怀才不遇时所设想的更有生命力，最终成为中华民族的精神源泉。儒家学派是中国人所说的"三教"之一，另外两教，则是指佛教和老子的道家学说。

孔子的儒家学派，主张圣人君子之道。他非常注重个人言行，这种程度就好比释迦牟尼注重于无我境界、希腊人注重客观的知识和犹太人注重正义的永恒一样。他是世上所有伟大的导师中，最注重社会公德的人。他为了世界的混乱和苦难而忧心忡忡，为了实现一个世上所有人都极有素质的文明社会而劳累奔波。他希望国家的法律可以更加健全，从而更有力地约束大家的言行。他提倡人人都应具备正人君子的形象：

孔子讲学图

温文尔雅，心怀正义，严于律己，宽厚待人。为了这个奋斗目标他说了一大堆至理名言，中国北方的人们都深受这一理想的影响。

而曾经长期供职于周朝王室图书馆的老子，他的学说要比孔子的学说更加深奥、玄秘和不可测。貌似他所倡导的学说，就是要人类对尘世间的欢愉和权力保持一种斯多噶派式的冷漠，从而返回到原始社会的简单生活中去。虽然他传下来的著作文字非常精简，可是也难免有些晦涩，人们在阅读的时候，就如同猜谜一般不得要旨。与释迦牟尼一样，老子的学说也蒙上了传奇式的色彩，被人们加以神化，从而成为一种戒条复杂而奇异的宗教。与印度一样，中国也产生了人类在原始社会所产生的神秘思想，和匪夷所思的传说故事，这些古老思想不断地与新思想发生交叉，最终成功地给道教附加了一些怪异的、天马行空的、古老的仪式。有的读者或许会发现，佛教与道教（根据老子的学说而演变的宗教），在如今的中国一样有着出家人、庙堂、主持和诵经念道。虽然在思想上它们不尽相同，但是外在的形式却有着同样的古代风格。而孔教则与道教不同，由于孔子教义非常直接、简单明了、并且所说层面有局限，所以才能一直保持真传。

中国北部的黄河流域，在思想上和精神上深受孔教影响。而中国南部的长江流域，则普遍受到道教的影响。也正是如此，当我们在观察中国的问题时，就非常容易看出这两种精神之间的矛盾，同时这也同样是北方精神与南方精神的矛盾，北京与南京的矛盾。一般而言，中国北方更具官僚气质，行为刻板，

秦始皇嬴政（前259－前210），中国历史上著名的政治家、战略家、改革家，首位完成华夏大一统的政治人物，被明代思想家李贽誉为"千古一帝"。他建立皇帝制度，中央实施三公九卿，地方废除分封制，代以郡县制，书同文，车同轨，统一度量衡，北击匈奴，南征百越，修筑万里长城，把中国推向了大一统时代，为建立专制主义中央集权制度开创了新局面，奠定了中国两千余年政治制度基本格局。

思想传统；而南方则相对浪漫、轻松、重经验和勇于探索。

公元前600年，周朝衰落得更彻底了，战乱破坏了原来的平衡，中国礼崩乐坏，达到了分裂的最顶峰时期，于是老子辞官归隐。

在当时的中国，有三个诸侯国相对更强大一些，它们是北方的齐国与秦国，以及南方长江流域的楚国。楚国在军事上更具有向外扩张的实力，所以齐国与秦国联盟，同时向楚国施压。迫于这两个军事集团的压力，楚国不得不解除国内武装，从而实现和平。从此，秦国的实力得到极大扩张，在实力上也更具优势。终于，在印度阿育王统治时期的相同年代，周王朝的九鼎被秦国夺取，九鼎是周王朝用于祭献的神器，它象征着王权。公元前221年，秦庄襄王之子秦始皇登基为帝（公元前246年即秦国王位），他被称为中国史上"第一个统一中国的皇帝"。

与亚历山大比起来，秦始皇似乎更加幸运。他36年的有力统治，对中国来说，意味着一个统一繁荣的新时代开始了。另外，为了抵御来自北方匈奴人的侵略，他投入了大量的人力物力，修筑了世界上伟大的万里长城。

第三十一章
罗马的出现

> 罗马这几百年的历史，实际上就是平民为争取自由和民主而不断斗争的历史。在希腊，我们也能发现这种斗争的存在，这场斗争被当时的希腊人称做强权与民主的斗争。而斗争的最后结果是，平民攻占了贵族的城堡，赢得了平等的权利。

上述文明世界，虽然遭到印度西北边境的喜马拉雅山，以及中亚、印度内地山脉的阻隔，但是读者们还是能看出它们有相同之处。首先，几千年以来，日石文化在古代世界的大河流域普及开来，让具有祭祀、牺牲等传统的神庙制度，以及祭司的统治得以快速发展。这种文化的创造者显而易见就是浅黑色人种，在前面的叙述中，我们一直将其作为中心人种来讲述。由于游牧民族不断从他们季节性的牧场向外掠夺，所以，他们的特征和语言便掺杂到原始文明之中。从某方面来看，原始文明在他们的征服和刺激下有了新的发展，同时也让各地的文明面貌多姿多彩。在美索不达米亚平原，伊拉姆和闪米特人夺人先声，然后才是北欧系的米堤亚人、波斯人、希腊人；而在爱琴海地区，则是希腊人；在印度，是亚利安语系民族；埃及，则因为巫术文明影响太深，而让之后的征服者无法对其产生深远影响。而中国则由于连续入侵的匈奴人来自不同部族，而使得文化也趋于多样化。这就好比希腊和印度北部被雅利安化，美索不达米亚被闪米特化一样，中国也被逐渐蒙古化了。不可否认，当游牧民族每到一处，那么这里就会遭到破坏，可是同时，侵入者也会带来自由探索和道德改革的新精神，从而使传统

信仰遭受质疑，给庙堂带来光明，让宗教不再神秘莫测。祭司也不再兼任国王，他们有专职的国王，他是国人的首领，是国人中权利更高的领袖。

我们发现在公元前 600 年后的几个世纪，古代传统遭遇了最大的打击。一种追求道德和知识的新精神也与之觉醒，这种精神在人类大变革时期不再沉默。此后，我们发现：写和读不再那么难以掌握，也不再是祭司们独有的特权，从而在上层阶级和富人圈里得到广泛普及。人们对马的驾驭能力逐步提高，使得马匹成为了最广泛的交通工具，更多的道路得以修建，运输能力大大提高，人们出行得到便利，出门远行的人随之增加。为了更方便交易货物，人类开始铸造货币。

现在，请将我们的视线从古代东方——中国，移回到地中海西半部。在这里，有一个城邦的出现必须要引起我们的注意，因为它即将在人类的历史舞台上扮演一个举足轻重的角色，它就是罗马。

直到现在，意大利在我们的故事当中仅仅只是被略微提及过而已。公元前 1000 年，当时的意大利人烟稀少，在以山地为主的领土上，覆盖着大片森林。

伊特鲁里亚人陵墓及陪葬品

这个半岛，直到雅利安系人种的闯入，才得以兴建起一些小镇和城市。而在半岛的另一端，稀稀拉拉地散布着希腊人的殖民地。仅存的希腊式建筑，位于裴斯茨姆神圣的废墟上，到现在还在为我们展现它当年的威严和风采。而此时定居在半岛中心位置的是一支与爱琴人极为相似的人种，他们是非雅利安系的伊特鲁里亚人。他们为了维持自己传统的生活方式，不断地向各个雅利安部族发动攻击。当罗马第一次在历史上出现的时候，它还只是台伯河畔的一个小集市，居住在那里的居民虽然受伊特鲁里亚人国王的统治，但他们属于拉丁语系民族。按照古代年表的记载，罗马建立于公元前753年，比腓尼基人建立迦太基略晚50年左右。换言之，罗马的建立要比第一次奥运会晚23年。不过，后来在罗马广场上挖掘出来的伊鲁特里亚人陵墓，却要早于公元前753年。

公元前510年，伊特鲁里亚人的国王被驱逐出境，正是在这风云变幻的公元前6世纪，罗马成为贵族制共和国。新成立的罗马共和国除了居民说拉丁语之外，它与同样是贵族制的希腊共和国别无二致。

罗马这几百年的历史，实际上就是平民为争取自由和民主而不断斗争的历史。在希腊，我们也能发现这种斗争的存在，这场斗争被当时的希腊人称做强

高卢人入侵罗马之战

高卢军队

高卢人。高卢，是指现今西欧的法国、比利时、意大利北部、荷兰南部、瑞士西部和德国莱茵河西岸的一带。

权与民主的斗争。而斗争的最后结果是，平民攻占了贵族的城堡，赢得了平等的权利。以往的排外政策被他们全部解除，极大地扩张了市民的权利范围，从而导致许多外来种族也获得了这种权利。当时的罗马，一方面正在进行残酷的内部争斗，另一方面，它又在不断向外扩张。

公元前500年，罗马军队正式开始对外扩张。至此，罗马在与伊特鲁里亚人的战争中，再也没有得到任何便宜，就连与之相隔数英里，伊特鲁里亚人的威伊城堡都攻克不下。公元前474年，伊特鲁里亚人的舰队终于遭到重创，但是攻打他们的并非罗马人，而是居住在西西里岛的叙拉古希腊人。同时，北欧系的高卢人也从北方向伊特鲁里亚人攻杀而来。在罗马人和高卢人的两面夹击下，伊鲁特里亚人全军覆灭，彻底在历史上消失了。公元前390年，当罗马人重兵驻守新征服的威伊城时，罗马城防空虚，让高卢人看到了机会，挥军冲进罗马，大肆烧杀，洗劫一空，但所幸的是，他们并没有占领丘比特神庙；他们曾经发动过一次偷袭，但是由于鹅叫而被发觉。最后，收到大量议和钱款的入侵者打消了攻占的念头，撤回意大利北部。

罗马人并没有因为高卢人的入侵而转向衰落，反而变得更加欣欣向荣。原有的统治者伊鲁特里亚人，被罗马人征服且同化，其势力范围也从阿尔诺向拿波里的整个中部意大利不断扩大。而所有的这一切，全都完成于公元前3世纪的那些年代里。与此同时，罗马征服了意大利，这与菲利普向马其顿和希腊进行扩张，亚历山大对埃及和印度进行侵略发生在同一个时代。到了亚历山大帝国分崩离析的时候，罗马人已经成为东方文明世界里最为闻名的民族。

罗马帝国北部居住着高卢人，而南边的马格纳·格拉西亚则是希腊人的殖民地，它包括西西里岛和意大利脚尖和脚跟的部分（意大利的版图如同一只靴子）。由于罗马人所面临的敌人——高卢人——凶猛彪悍而且好战，所以罗马人不得不在帝国的边界上修建了防御工事。与其说希腊南方城市（塔兰托姆和西西里岛上的叙拉古）给罗马造成威胁，倒不如说它们受到了罗马的威胁，所以他们正在寻找一个强有力的同盟者，以抵御新的侵略者。

皮洛士统领的战象大军所向披靡

在上文中，我们描述过亚历山大帝国分裂以及被其部下瓜分的故事。在这些瓜分者里面，有一个叫皮洛士的人，他是亚历山大的亲戚，他创建了一个新的帝国——伊庇鲁斯帝国，这个帝国的版图横跨亚得里亚海，并且向意大利半岛脚跟部分延伸而去。而皮洛士的野心也正如他的国土一样不断向外延伸，最终成为泰坦图姆和叙拉古的庇护者及领袖，就好比当年马其顿在马格纳·格拉西亚所处的显赫地位一样。根据那时的科技水平而言，他所拥有的军队可称精锐：步兵方阵牢不可破，骑兵也全都是从色萨利精选而来，与当初的马其顿骑兵一样所向披靡，而且他还拥有二十多只战象。通过两次战斗，他击败了当时占领意大利的罗马军队，并将他们赶向远方，这两次战斗分别是公元前280年的赫拉克利亚之战与公元前279年的奥斯库卢姆之战。之后，西西里岛成为了他第二个征讨对象，于是迅速集结大军，准备出征。

可是他此次面临的敌人要比在罗马遇到的敌人更强大。此次征战的对象是腓尼基的商业之都迦太基，它是当时世界上最大的城市。由于西西里岛与迦太基距离太近，所以迦太基人对皮洛士并无好感。其实他们早在50年前就结下了仇恨，那时候迦太基人的母体城市提尔遭到了袭击，正是因为这个缘故，迦太基人才对罗马人恩威并施，派遣舰队援助罗马人继续战斗，同时又直接出兵，切断皮洛士的海上通道。皮洛士又一次受到罗马军队的重创，而他设置在拿波里和罗马之间的贝尼文托大本营也遭到了灾难性的毁灭。

正在战争进行到紧要关头的时候，皮洛士接到伊皮鲁斯来报，要他迅速回国，以抵抗从南方入侵的高卢人。不过此次，高卢人并没有对意大利发动攻击，因为他们看出罗马的防御工事固若金汤，于是不得不借道伊利亚（如今的塞尔维亚和阿尔巴尼亚），转而进攻马其顿和伊皮鲁斯。此时的皮洛士可谓是三面受敌：一方面要镇压罗马的反击，另一方面还要抵御迦太基从海上的进攻，同时还要防备来自背后高卢人的威胁。在这种情况下，皮洛士迫于压力，于公元前275年放弃征服西西里的打算，班师回朝。罗马趁机将自己的势力范围扩张到墨西拿海峡。

在海峡另一边的西西里岛，是希腊城市墨西拿，当时正被海盗所占领。而此时西西里岛的真正统治者正是迦太基人，于是迦太基人与叙拉古结盟，于公元前270年，同时向墨西拿的海盗进攻，将海盗赶跑，随后就将军队驻扎在岛上。失败的海盗心有不甘，于是就转向罗马求援，而罗马居然同意了海盗的请求。之后，两个强国就隔海对峙起来，超级发达的商业帝国迦太基和新兴的强国罗马，谁将会一统天下，就留在下面的篇章揭晓吧。

第三十二章
罗马与迦太基

> 这场战争也给未来世界的纷争留下了隐患，这或许就是所谓的历史遗留问题吧。罗马虽然将迦太基打败而赢得战争胜利，可是却进一步酿成了雅利安人与闪米特人之间的仇恨情绪，从而为后来的犹太人与非犹太人之间埋下了祸根。

公元前246年，罗马帝国终于和迦太基爆发了战争，史称布匿战争。在战争爆发的这一年，阿育王刚在比哈尔即位不久；中国的秦始皇还是个孩子；亚历山大城博物馆正忙着从事科学研究；而野蛮的高卢人正在小亚细亚勒索佩尔

迦太基人正在追杀罗马的溃兵，冲在最前面的是努米迪亚轻骑兵。

加蒙活动。这时候地球上的各地区仍然被遥远的空间距离所隔阂,所以这场持续了150年之久的战争给其他民族的印象并不深刻。虽然这场战争只跟闪米特人和雅利安系人有直接关系,但是也波及到了西班牙、意大利、北非和西地中海等广大地区。

  同时,这场战争也给未来世界的纷争留下了隐患,这或许就是所谓的历史遗留问题吧。罗马虽然将迦太基打败而赢得战争胜利,可是却进一步酿成了雅利安人与闪米特人之间的仇恨情绪,从而为后来的犹太人与非犹太人之间埋下了祸根。接下来,我将在本书中向大家讲述一个事件,这事件所导致的种种后果以及被歪曲了的传闻,给现代社会的矛盾和论战留下了阴影,左右着现代社会的发展。

  公元前264年,第一次布匿战争爆发了,这场战争的罪魁祸首是墨西拿的海盗。随着战争规模不断升级,除了希腊的叙拉古王国之外的整个西西里岛,全都被波及到这场大战之中。在战争初期,迦太基在海上拥有绝对的优势,因为他们拥有五层橹船,这种战舰,以当时的社会水平来看,简直就是航空母舰,要知道,在200年前的萨拉米斯战役时期,主力战舰还只有三层桨。同时,迦太基的战舰还装置了巨大的撞角。缺乏海战的罗马人虽然没有对方的无敌战舰,可他们士气高涨,结果出人意料地将迦太基人打得落荒而逃。罗马人在自己的舰队上面也做了相应的部署,他们给新舰队全部配备了希腊水手;此外,为了应对敌舰装备上的优势,他们自主研发了一款大型搭钩,这种搭钩是应对迦太基战舰上的撞角而设置的,如果迦太基战舰试图用撞角撞毁己方的船只时,就用搭钩去勾住敌船,然后使两船并列,战士们就可以冲上甲板进行厮杀。迦太基的军队分别在发生于公元前260年的米勒战争,和发生于公元前256年的埃克诺米斯遭到了重创。尽管他们击退了试图在迦太基附近登陆的罗马军团,可最终还是在巴勒莫遭到了惨败,104只战象也全都成为了罗马人的战利品。要知道,后来军队凯旋回国的时候,这些战象经过罗马广场时受到了狂热的追捧,罗马更是举国沸腾,万人空巷。虽然罗马军队在随后的两次战争中都遭到了挫败,但很快又恢复了元气。公元前241年,士气高涨的罗马人乘胜追击,终于在埃格迪斯岛的海战中将迦太基的最后一支海军主力一举消灭。迫不得已的迦太基

高卢武士正在冲向罗马人的方阵

只好求和，于是，除了叙拉古王的领土之外，整个西西里岛全都划归罗马。

这之后的22年里，罗马和迦太基相对保持着和平。而保持和平的原因，居然全都是因为双方都遇到了麻烦事。罗马国内的麻烦事来自于高卢人，高卢人趁罗马人新战不久的机会，向南进犯意大利，从而对罗马构成威胁。恐慌的罗马人手足无措，甚至又恢复了活人献祭的方式，以祈求神明保佑。但很快，高卢人在特拉蒙遭到罗马一举歼灭，罗马则趁胜将边境向外扩张，越过阿尔卑斯山，一直扩张到亚得里亚海的伊利里亚才停止。而迦太基的麻烦则来自内乱，科西嘉和撒丁岛先后发生了叛乱；祸不单行，正当迦太基元气大伤时，另一件令人绝望的事接踵而至：这两个叛乱的岛屿被罗马人攻占了。

当时的西班牙北至埃布罗河，全都是迦太基的领土。埃布罗河也成为罗马人欺侮迦太基的边界，但凡有迦太基人胆敢越过此河，都被视为对罗马的挑衅。公元前218年，罗马人无底线的挑衅终于惹火了迦太基人，他们在青年将领汉尼拔——这位世界史上杰出的指挥官——的指挥下，渡过埃布罗河向罗马挺进。他统率的军队从西班牙出发，横跨阿尔卑斯山来到意大利，然后说服高卢人一同反对罗马，之后便在意大利境内，爆发了长达15年之久的第二次布匿战争。在特拉西米诺湖和坎纳等地，他让敌人遭受惨败。可以毫不夸张地说，在汉尼拔对意大利进行讨伐的整个时期，罗马的任何一支军队都无法与之抗衡，罗马屡次铩羽而归。可战争的最后时期，由于有一支罗马军队在马赛登陆，将西班牙对迦太基的供给切断，汉尼拔无法得到攻城的武器，从而没能一举攻下罗马。随后，迦太基国内的努米底亚人发生了叛乱，迦太基军队不得不班师回国，以保卫他们在非洲的殖民地。在迦太基撤退的时候，有一支罗马军队一路尾随，进入非洲。随后在扎马城交火开战，一贯所向披靡的汉尼拔败在了罗马统帅西庇阿的手中，第一次尝到了失败的苦酒。第二次布匿战争也因扎马之战的失败而结束。迦太基投降了，他们放弃了西班牙的领地，并且解散作战舰队，赔偿巨额的战争赔款，并同意交出汉尼拔，可得到消息的汉尼拔早就逃走了。他偷偷来到亚洲之后，因为前无去路后有追兵，为了不让敌兵捕获，一代英雄服毒自尽。

此后的56年里，罗马与战败的迦太基始终保持着和平。在这段时期，罗马帝国吞并了分裂的整个希腊，并挥师征讨小亚细亚，在利奇亚的马格尼西，将塞琉古王朝的安迪奥克斯三世击败。此外，当时仍处于托勒密王朝统治下的埃及、贝加蒙和小亚细亚等众多小国全都被罗马招安，成为它的盟国。用今天的话来说，这些全都是罗马的被保护国。

虽然迦太基被征服了，国力也受到了削弱，可是它利用这段和平时期，又悄无声息地复兴了。迦太基的复兴引起了罗马人的警惕和嫉妒，所以，罗马人以莫须有的罪名，在公元前149年，对迦太基进行了又一次的攻击。虽然迦太基人坚守城池，可还是在公元前146年沦陷了，之后便发生了整整六天的巷战和屠杀，情况悲惨、

耶路撒冷，位于巴勒斯坦中部，介于地中海与死海之间。耶路撒冷同时是犹太教、基督教和伊斯兰教三大亚伯拉罕宗教（或称"三大天启宗教"）的圣地。

令人发指。等到全城被占领时,原有25万人口的迦太基,剩下不到5万人。而这些有幸逃脱杀戮的人也难以逃脱灾难,他们被贱卖为奴隶,迦太基城也被付之一炬。最后,征服者在这片废墟上将土地翻开,撒下种子,宣告这个城市彻底在历史上消失了。

就这样,第三次布匿战争宣告结束。500年前,闪米特人曾在世上繁荣一时,并且创建了为数众多的国家和城邦,而如今只剩下仅有的一个小国,能够继续在本民族领袖的统治下过着自由的生活,而这个小国便是犹太国。从塞琉古王朝的统治下解脱出来的犹太人,在麦卡贝王族的统治下继续生活。他们对《圣经》的编撰此时也已基本完成,继续发扬着独特的犹太传统。由于这本充满希望与鼓励的巨著实际上是由同一种语言写成的,所以迦太基人、腓尼基人以及散布在世界各地的各民族,很自然地被这本书所连接在一起。从某种程度上说,闪米特人并没有被取代同化,反而是扩散了,因为他们仍旧是这个世界上的商人和旅行者。

耶路撒冷不仅仅是犹太教的中心圣地,而且还一直是犹太教的象征。耶路撒冷在公元前65年被罗马人占领。此后的若干年,它要么分裂,要么内乱。公元70年,罗马军队围攻耶路撒冷,虽然犹太教徒拼死抵抗,但仍然无法逃脱被攻破的命运,一切神庙均遭到或大或小的破坏。在公元132年的叛乱中,整座城市被彻底毁灭。而今天我们看见的耶路撒冷,其实是在经过罗马人准许的情况下重新兴建的。如今的丘比特神庙也是在耶和华圣殿的遗址上建起来的,同时,这座城市也不再允许犹太人居住。

西墙,又名哭墙,位于耶路撒冷老城内,圣殿山山下西侧。这是环绕第二圣殿庭院的古城墙的残存部分,可以说是犹太教信仰中除圣殿山本身以外最神圣的一个地点。通常认为,西墙由大希律王兴建于公元前19年。

耶路撒冷大卫王之墓

第三十三章
罗马帝国的发展

> 罗马帝国这种充满传奇色彩的发展历程，从未经过任何安排和计划。罗马人的这场行政管理模式变革试验，完全是在毫无声息的情况下发生的。但是，我们仍然不能肯定这项试验是成功的，因为帝国的最终结果，仍然陷入了全面的崩溃之中。

公元前200-前100年，复兴的新罗马帝国主宰了如今的西方世界。这个新帝国在很多方面都与过去统治这片土地的各代王朝有所不同。第一，它并非由一切强有力的征服者所创建，也并非君主制国家；第二，它不是第一个共和体制的帝国。因为雅典早在培里克里斯统治时期，就已经将一批同盟国与附属国牢牢地掌握在手里了，而迦太基在与罗马进行命运之战前，就已经统治了萨丁、科西嘉、摩洛哥、阿尔及利亚、突尼斯，以及大部分西班牙和西西里岛。可是罗马却是第一个能免于灭亡且不断向前发展的帝国。

与以前那些总喜欢将共和国中心，设在美索不达米亚或埃及各大河流域的共和国相比，罗马共和国的中心要更靠西部一些。由于罗马将国家中央向西转移，也就使得一些新地区和新民族走向文明。在罗马西北方向，即如今的法国、比利时、英国，和东北方的匈牙利、南俄罗斯，在当时全都属于罗马的势力范围，这还不包括摩洛哥、西班牙等地。国家政治中心的转移有利有弊，那些远离国家首都的地区，例如在中亚和波斯这些地方，罗马始终未能把自己的统治波及到那里。罗马帝国也正是因为这样，才使得大量北欧雅利安系民族被囊括进来，同时，几乎世上所有的希腊民族也被包括了进来，跟以往的任何朝代相比，哈姆特人和闪米特人不再占帝国人口的多数。

在后来的几百年，罗马并不像之前短暂的波斯帝国、希腊帝国那样及早地衰落下去，反而更加繁荣起来。而原来统治米提亚人和波斯人的征服者，只经历了一代就被巴比伦人接过了象征权力的王冠，并且接管了神庙。受到同化的当然也包括亚历山大以及他的后继者；塞琉古王朝的宫廷管理机制，则完全沿袭了尼布甲尼撒的宫廷机构，同时，尼布甲尼撒的各种管理方法也被他一并接管，自从成为埃及王以后的托勒密更是被埃及同化。被同化的这些征服者，与被苏美尔人同化的闪米特人一样别无二致。不过，这种现象也有例外，罗马人就完全不同，他们牢牢地统治着自己攻占的城市，并且对本民族的法律坚持不变长达几百年。在公元前300-前200年，希腊人是唯一对罗马人产生影响的民族，或许是因为他们相互之间有着亲缘关系吧。

所以，从实际意义上而言，最早用雅利安传统管理本国所有人民的国家是罗马。单从这一点而言，这种新模式是亘古未有的，这是雅利安人的真正扩张。而过去那种将城市建立在供奉着丰收之神的庙堂为中心的统治方式，对罗马帝国不再适用。罗马人的神非常多，庙宇也非常多，他们的神与希腊诸神一样，全都是半人半兽的贵族。血祭是罗马人祭献的主要方式，当遇到重大活动的时候，甚至会用活人来做牺牲，这种残忍野蛮的行径，或许是从伊特鲁里亚人那里传承而来的。但是即便罗马处于鼎盛时期，祭司和神庙也

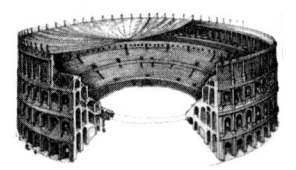

罗马元老院是一个审议的团体，曾在罗马共和国与罗马帝国的政府中扮演着极其重要的角色。

古罗马人民

古罗马士兵和贵族服饰

从未在罗马的政治舞台上扮演过主要角色。

罗马帝国这种充满传奇色彩的发展历程，从未经过任何安排和计划。罗马人的这场行政管理模式变革试验，完全是在毫无声息的情况下发生的。但是，我们仍然不能肯定这项试验是成功的，因为帝国的最终结果，仍然陷入了全面的崩溃之中。无论在形式上还是方法上，罗马帝国都在进行着巨变。罗马100年内发生的变化，要比孟加拉、美索不达米亚、埃及这些国家1000年发生的变化还要大。而且，它到现在仍然在不断地变化着，从未停留在一个固定的形式上面。

古罗马提图斯凯旋门遗址

可以说这个实验失败了，但也可以说这个实验还没有完全结束。至于为什么是罗马帝国率先在全世界使用这样一套管理体制，如今的欧洲和美国正在竭力为大家找出这个答案。

古罗马都城一角

历史研究者必须铭记的是：罗马帝国从开始到现在的全部历史不单单只有政治变革，社会变革与道德变革也是至关重要的。如今的大多数人常常会偏向地认为，罗马帝国是统一的、稳定的、不朽的、强盛的、神圣的、具有主导地位的。例如麦考利的《古罗马之歌》，他就把老卡托、西庇阿、恺撒、狄奥克来丁、君士坦丁大帝，以及凯旋、演说、斗剑、基督教徒的殉教全都糅杂在里面，描绘出一幅高尚、冷酷、高贵的图画。但是，这里面的任何一个题材都应该进行详细的解析，因为这部作品，完全是偷换概念，就如同将威廉一世时的伦敦与今天的伦敦进行比较一样，这样的变化更加深刻，他就是把深刻的变化拼凑在了一起。

至此，我们可以非常明确地将罗马的扩张分为四个阶段。第一阶段的开始，是以高卢人入侵罗马为标志的，也就是公元前390年，而结束则以公元前240年第一次布匿战争的结束为终点。我们可以将这一阶段称为"同化的共和国阶段"，或许罗马历史上最美好、最具特点的时期正是这一阶段。在此期间，贵族和平民的矛盾并不尖锐，也不存在伊特鲁里亚人对罗马的威胁，贫富差距非常小，国民的整体素质非常高。这一时期的罗马是自由民的共和国，在历史上，与之类似的还有公元1900年南非洲的布尔共和国，公元1800-1805年的美国北方各州，或许也与之相近。在该阶段的早期，罗马只不过是个领土区区二十余英里的小国，而它的周围又全都是些强国，为了不被吞并，它不断与周围各国进行角逐。由于这些列强与自己同源同种，罗马并不希望获得战争的破坏，它所希望的是和平共赢。国内几百年的连年征战，使得国民的妥协精神与隐忍能力得到大为提高。有些城邦虽然在军事上战败了，成为罗马的附属城市，但同时它也获得了政治上的投票权；而另外一些城邦则成为自治领地，这些自治领地有着高度的自治权，同时还拥有在罗马做生意与通婚的权利。各个战略要地全都由全体市民组成的警卫队把守，罗马人在此处的殖民地数不胜数，同时罗马公民在此也具有各种特权。为了有效地管理与统治这些新征服的土地，罗马修建了很多连接各大城市的大路。正是在这种政策的贯彻下，意大利也毫无疑问地被罗马同化。公元前89年，意大利所有自由民全都转化成罗马市的市民。从形式上来看，整个罗马终于变成了一个继往开来的帝国。到了公元212年，这个国家的每一个自由民全都被赋予了市民权。换言之，但凡出席了罗马市民会议的人，就一定拥有选举权。

罗马帝国扩张的方法非常独特，他们先让一些易于掌控的城市的市民拥有选举权，然后再逐步将这种方式推行到全国，这样打破了征服者占领土地，却又被当地人同化的惯例。而罗马征服者，则依靠这套方式将被征服者同化。

虽然原来的同化方法在第一次布匿战争以及征服西西里岛以后，仍然还在使用，但同时其他的新方法也被创造出来了。例如沦陷的西西里岛就被征服者

当成战利品，并宣布这里的土地与人民全都是罗马民族的私有财产，从而增加了罗马的财富。这些财富的绝大多数都流进了贵族和平民领袖的手里。除此之外，大批奴隶也随着战争被劫掠而来。罗马共和国的大部分农民，在第一次布匿战争以前都享有市民权，参军是他们的权利和义务。可是战争爆发后，由于他们大多数都在服兵役，导致他们的农场遭受亏损，这也使得新兴的奴隶农业得到空前发展。当这些农民返回家园后，那些来自西西里岛和新占领国的奴隶生产的农产品取代了他们的农产品。时代在变，共和国的性质也在变。在西西里岛被罗马统治期间，平民百姓受到了富有放债者和富有竞争者的掌控。自此，罗马进入第二阶段——"冒险性富人的共和国"。

为了自由，也为了获得参政的权利（即民主），农民出身的士兵，一代又一代地战斗了200年，终于获得了100年的特权。可是第一次布匿战争消耗了他们的青春，同时他们所赢得的一切也全都被剥夺了。

而他们的选举权也受到了动摇。实际上，罗马共和国的主要权利拥有者由两个政治实体组成。其中之一就是元老院，这也是最重要的部分。元老院最开始的时候全都由贵族组成，到了后来，逐步演变成由执政官或监察官等实权派人物，召集社会上各行各业的代表联合组成。与后来的英国上议院一样，罗马元老院也汇聚着大地主、权术家、商界翘楚。如此看来，它与如今的英国上议院更为接近，而与美国的参议院不同。在布匿战争后的300年里，元老院始终都是罗马政治思想和意志的中心。而另外一个权利拥有组织是人民大会，这被当成是全体罗马市民的集会。当罗马仍是一个面积只有20英里的小国时，举行这样的集会还是可以实现的，可是当罗马的市民权将意大利这些以外的地区也包括进来的时候，这就成为一件完全无法实现的事情了。这种人民大会以前召开时，召集者就在丘比特神庙或者罗马城墙上吹响号角来召集，而现在，大会慢慢演变成了投机倒把者和泼皮无赖的集会。公元前400年，人民大会还能代表人民的权利，与元老院对话，并对其进行牵制，可是到了布匿战争结束时，人民大会则成了社会底层民众无关紧要的历史遗物罢了，再也不能对那些大人物的行为进行合法有效地牵制了。

在罗马共和国，从未实行过人民代表制度，而且也从未有人想到过用选举的方法来选出代表人民权利的参会代表。这一点对研究历史的人而言是至关重要的。人民大会自始至终都没能成为美国众议院和英国下议院那样的机构。虽然它在理论上包括了全体市民，实际上它没有起到丝毫作用。

古罗马骑兵浮雕

罗马帝国的国民在第二次布匿战争以后，又一次陷入了十分可怜的境遇中去。这些人要么陷入贫穷，要么失去土地，甚至唯一赖以生存的职业也被奴隶取代了。更可悲的是，他们失去了扭转这种政治局面的有利时机。对他们来说，所有表达市民政见的方式全部被予以剥夺，而唯一留给他们表达意志的方法就只剩下罢工和暴动了。公元前200年以及公元前100年，罗马国内的政治收获并不大，唯一收获的是革命和暴动。

古罗马的参议员进入大厅

受版面限制，在这本书里，我们无法对当时错综复杂的斗争进行详细描述，例如平分土地的政策，试图将土地还给农民，以及将部分或全部债务废除的提案等。总而言之，暴动和革命循环进行。公元前73年，斯巴达克斯领导了奴隶起义，这加剧了意大利的困境。由于很多奴隶都曾是角斗场上受过训练的角斗士，所以意大利的奴隶革命有着强大的战斗力。在当时似乎已经是死火山的维苏威火山，斯巴达克斯的队伍顽强战斗了两年。但最后还是被残酷地镇压下去了。6000个斯巴达克斯战士被俘虏，他们全都被惨无人道地钉死在十字架上，而这些十字架就树立在从罗马通往阿比斯的大路上。

罗马军团利用大型弓弩攻城

　　长期以来,平民百姓始终没能战胜那些奴役他们、压迫他们的贵族阶层。即便是将这些征服了他们的贵族阶级击败之后,贵族们依然可以在自己和平民之间培植一个新的势力——军队。

　　罗马在第二次布匿战争之前,农民一直都是军队的重要组成部分。农民们根据自身的情况,或骑马或徒步,向战场开拔而去。对于那些距离较近的战争,这支队伍可以称得上是精锐,可是一旦出现远征或鏖战,这支队伍就显得有些支撑不住了。而且,由于奴隶的大量增加以及殖民地的迅速扩展,这种来去自如的民兵数量就变得日趋减少了。正在这个时候,一位出身平民的统帅马略出现在了历史舞台上,他进行了一项新的改革。北非在迦太基文明毁灭之后,变成了一个半野蛮的王国——奴米奇亚王国,于是,罗马便和奴米奇亚国王尤格达发生了军事上的冲突。可是,罗马在征服奴米奇亚王国的过程中,遭遇了不小的阻力。为了扳回颜面,马略被激奋的国人推举为执政官。这时的马略展现了他个人的军事才华,他募集雇佣兵,然后用非常严格的方式训练他们,最终大败奴米奇亚王国。公元前106年,奴米奇亚国王尤格达被活捉,他被征服者用铁链锁着押解到罗马。而有了军团作为后盾的马略,在其执政官任期满了之后,拒绝交出权力,可此时的罗马再也没有力量来约束他了。

　　罗马帝国从马略开始进入了第三阶段——"军人共和国"。

罗马帝国的发展
第三十三章

后来，雇佣军团的指挥官们为了夺取罗马的最高权力，频频发生斗争。而马略的竞争对手是贵族苏拉，此人曾在马略远征非洲时为马略效劳。他们肆意屠杀着自己的政敌。几千人被流放，被处死，并且将他们的领地拍卖。继两者血腥厮杀之后，也就是在平复了斯巴达克斯的暴动之后，罗马进入了由军官把持朝政的时代，这些军官先后是路克鲁斯、庞培、克拉苏和恺撒等人。克拉苏镇压了斯巴达克斯的叛乱；路克鲁斯征服了小亚细亚，并且成功入侵亚美尼亚，但是他并没有居功自傲，而是在掠得大批财富后就退位了。之后，克拉苏又率大军入侵波斯，结果军队被帕提亚人击溃，他自己也阵亡了。公元前48年，长期与恺撒较量的庞培失败了，他被判在埃及接受极刑。最后只剩下恺撒，他成为罗马帝国的唯一统治者——恺撒大帝。

恺撒大帝是罗马共和国末期杰出的军事统帅、政治家。公元前60年与庞培、克拉苏秘密结成三巨头同盟，随后出任高卢总督，历时八年征服了高卢全境，并袭击了日耳曼和不列颠。前49年，他率军占领罗马，打败庞培，集大权于一身，实行独裁统治并制定了《儒略历》。

恺撒这个人，他善于激发人们的思维能力，并且引导它做出超乎实际价值的事情来，因此他也成了传说与象征。在我们看来，恺撒最重要的功绩，在于他将罗马从军事冒险者时代过渡到罗马帝国的初期阶段。公元前100年，罗马帝国的疆域达到顶峰，尽管当时罗马的经济和政治混乱不堪，内战频繁，社会腐败，但这丝毫也不影响罗马疆域的不断地扩大。罗马的扩张进程曾经有过三次低迷时期，第一次低迷时期出现在第二次布匿战争的危急时刻；第二次低迷时期出现在马略重建军队之前；而斯巴达克斯暴动，则是罗马的第三次低迷时期。而恺撒，首先在高卢（今天的法国和比利时曾经居住着为数众多的高卢人，他们是本地最主要的民族，属于凯尔特系，他们曾占据意大利的北部，并且征战小亚细亚，最后在此地定居。）确立了自己的领袖地位。之后，他打败了入侵高卢的日耳曼人，并把高卢地区纳入了罗马帝国的版图。他曾经在公元前55年和公元前54年，两次横渡多佛尔海峡，入侵不列颠，可是都遭到了有效的抵抗而未能如愿。而庞培则利用这段时期，在罗马至黑海的各征服区，巩固自己的地位。

公元前1世纪中期，罗马的权利中心名义上仍然是元老院，执政官和其他官员也仍然由元老院来任命。那时候有很多政治家（西塞罗就是其中最杰出的人之一）为了维持罗马共和国的伟大传统，维护法律的尊严而进行斗争。可这种市民权利的精神要求，随着自由民的大幅减少而从意大利逐步消失。生活在这片土地上的大部分是奴隶和贫民，他们对自由既不理解又无要求。事实上，这些在元老院供职的共和国领袖们，他们的背后孤立无援，而那些大冒险家们，则拥有着强大的军团，这也是领袖们害怕他们，并想要对他们加以控制的主要原因。正是因为这样，克拉苏、庞培和恺撒架空了元老院，将帝国的统治权一分为三。这便是第一次三头政治的开始。克拉苏在5年后的卡尔战役中被帕提亚人杀死，而庞培与恺撒则继续斗争。支持共和政体的庞培，以恺撒藐视法律，不服从元老院的命令为罪名，主持并通过了对恺撒进行审判的法案。

在那个时代，如果将军的军队出现在自己领地以外的区域，那就违反了法律。公元前48年，恺撒一边声称"迫不得已，退无可退"，一边率领大军渡过康比河（这是恺撒领地与意大利的界河）向庞培所在的罗马进军。

过去的罗马曾有这样一个不成文的惯例：但凡国家在军事上出现危机，全国将推选一位总裁官来领导罗马，并赋予此人无限的权利，直至危机结束为止。恺撒在打败庞培之后，成为罗马史上第一个拥有10年任期的总裁官，此后，又在公元前45年，被推选为终身总裁官。实际上，此时的恺撒早已成为罗马帝国的终身统治者。曾有人建议恺撒登基为帝，可是考虑到公元前500年罗马将伊特鲁里亚人驱逐之后，老百姓一直不喜欢这个称呼，所以恺撒拒绝称帝，不过，他愿意接受皇帝的地位和实际权利。庞培的残余势力被他全部消灭之后，恺撒曾经远征埃及，因为他爱上了埃及女王克娄巴特拉，这是托勒密家族最后一位美艳无比的女王。或许正是因为她的缘故，让恺撒发生了根本性的改变，从而把埃及"神兼国王"的概念带回罗马。恺撒将自己的雕塑安置在神庙的殿堂里，殿堂上的题词则是：献给不可战胜的神。可是，早已被扼杀了的共和精神还要燃烧最后的抗议，就在恺撒曾经杀死政敌庞培的元老院的塑像下面，恺撒被暗杀了。

此后的13年，是权术家们争权夺利的13年，最后罗马出现了第二次三头政治，他们由李必达、安东尼和屋大维（恺撒外甥的孙子兼养子）组成。屋大维同其养父一样，所管辖的领地是贫穷而多自然灾害的西部省份。可就是在这里，他招募到了全国最为精锐的兵团。公元前31年，屋大维在亚克兴海战中，将自己唯一的对手安东尼击败，一举成为罗马帝国的统治者。但成功后的屋大维与成功后的恺撒截然相反，他既没有像养父那样成为神，也没有成为国王的愿望，更不想任何美艳绝伦的女王做情人，他把自由和权利都还给了罗马的元老院和人民，然后辞谢了独裁官的职务。为了表示对屋大维的感谢，元老院将实际的权利以一种无形的方式颁发给他。虽然屋大维没有称王称帝，可是"元首"和"奥古斯都"，却成为第一个罗马帝国的皇帝奥古斯都·恺撒（公元前27-14）的称号。

屋大维的继任者，依次是台比留·恺撒（14-37）、加里古拉、克芬狄和尼禄。接着是图拉真、哈德良、安敦尼·庇乌以及马可·奥勒留等。这些皇帝无一

奥古斯都（前63-14），原名盖乌斯·屋大维·图里努斯，是罗马帝国的开国君主。14年8月，在他去世后，罗马元老院决定将他列入"神"的行列，并且将8月称为"奥古斯都"月，这也是欧洲语言中8月的来源。

哈德良（76—138），罗马帝国五贤帝之一。他统治期间兴建了哈德良长城，划定了罗马帝国的北部国境线。他还在罗马城内重建了万神庙，并新建了维纳斯和罗马神庙。他还倡导人文主义，提倡希腊文化。

例外全都是军人出身。有的人被士兵们拥立为帝，但同时又被士兵杀害。皇帝和官吏也逐步将元老院取代，并慢慢地从罗马历史上消失了。罗马帝国的疆域也扩张到了史上最大限度，不列颠的绝大部分地区全都被收进帝国的版图，而特兰西瓦尼亚则被划分为新的省份"达契亚"。图拉真则让国界线跨过幼发拉底河，而哈德良的做法，则让我们非常自然地联想到在遥远的东方也曾发生过类似的事情。哈德良和中国的秦始皇一样，也修筑了一条用来抵抗北方匈奴的城墙，其中有一段甚至横贯整个不列颠。此外，他还在莱茵河与多瑙河之间架设了许多栏栅。他放弃了一部分图拉真时代被征服的领土。

至此，罗马帝国的扩张宣告结束。

第三十四章
罗马与中国

> 这个时期的世界，中国是地球上最伟大、最统一的国家，文明高度发达，人口稠密，幅员辽阔，即便是鼎盛时期的罗马也无法与之相提并论。但是，这两个同处于同一时代的庞然大国，却对彼此一无所知，这种情况，在那个时候还是非常有可能的。

公元前 200-100 年，是人类历史上的一个新时期。历史学家的目光也已经从地中海东岸与美索不达米亚平原转移开来。虽然当时美索不达米亚和埃及仍然是人丁兴旺、商业繁荣的富庶之地，却再也无法对世界起到任何影响了，权力中心逐渐向东、西两个方向转移。那时的世界局势被两个强大的帝国控制着，它们分别是新兴的罗马帝国与再次复兴的中国汉朝。罗马帝国的势力范围曾一度到达幼发拉底河流域，此后就再也无法向前推进了，因为路途实在过于遥远，无法掌控。在幼发拉底河向东的远方，就是以前被波斯和塞琉古王朝所占领的印度，这时候早已被新的强权者占领。而中国在秦始皇死后，秦被汉取代。汉朝的疆域异常辽阔，向西一直跨过西藏、帕米尔高原，直达土耳其西部，但是到了这里也就是强弩之末了，这是它的边缘地区。

这个时期的世界，中国是地球上最伟大、最统一的国家，文明高度发达，人口稠密，幅员辽阔，即便是鼎盛时期的罗马也无法与之相提并论。但是，这两个处于同一时代的庞然大国，却对彼此一无所知，这种情况，在那个时候还是非常有可能的。因为让两国进行交流的方式，不管是水路还是陆路，都还没

格涅乌斯·庞培（前106—前48），古代罗马共和国末期著名的军事家和政治家。

庞培半身雕像

有发展到足以形成直接冲突的程度。

即便如此，两国之间仍然用一种引人注目的方式发生了接触。夹在两国中间的中亚和印度深受两国的影响。有限的商业往来，规模虽然极其渺小，但至少还是发生了接触。这种商业接触实现于一支穿越波斯的骆驼队，或者是实现于经由印度与红海沿岸的商船。公元前66年，庞培率领罗马的千军万马，沿着亚历山大大帝当年的足迹，顺着黑海东岸向北前进。100多年后，即公元102年，中国的班超率领大军也来到了黑海，而且还派出使者了解罗马的实力。但真正了解对方的真实情况，并找到实现让欧洲和东亚这两大平行世界发生交往的直接交通要道，则是几百年以后的事情了。

在这两大帝国的北部，一样是未开化的荒原。现在德国的大部分国土，在那时还是森林。这片森林一望无垠，一直延伸到了俄罗斯。生活在森林里的野牛体大如同大象一样。而东亚山脉的北部，则是荒漠和大草原；向北，再向北，则是森林和冰原。在亚洲的东北部山麓，是一片叫"满洲"的大三角地区。从俄国南部、土耳其一直延伸到满洲的这一大片土地，自古气候多变。如今这里的降雨量，也是几个世纪前才发生了转变。人类很难在这样的地区生活并加以开发。这片地区一度是块水草丰美，宜于耕作的宝地，可是接踵而至的干旱又葬送了这片土地。

从德国的森林地区到俄国南部和土耳其，从哥德兰岛到阿尔卑斯山，在北部荒漠的西边，是北欧各民族和雅利安系人的发祥地。往东的草原与沙漠则是匈奴人、蒙古人、鞑靼人和土耳其人等民族的发祥地。从语言上、种族上和生活方式上看来，这些民族都十分相似。与北欧各民族源源不断地从故土向南方的美索不达米亚平原和地中海沿岸等文明地区迁徙一样，匈奴各部族多余的人口，也总是以流浪者、强盗或征服者的身份来到中国。如果北方地区气候适宜，那里的人们就会安居乐业；可是这里一旦发生干旱、饥荒、瘟疫时，这些粗俗暴躁的野蛮人就势必大举南侵。

在欧洲驰骋的匈奴人

在世界历史中，终于迎来了这样一个时代——同时存在的两个大国不仅能打败入侵的蛮族，而且还能把自己的和平国界向外推进。在中国，汉朝皇帝开始对北部蒙古进行了残酷漫长的征伐。以至于中国的老百姓越过长城向外迁徙。每当保家卫国的士卒攻下一地，荷锄带粮的农民就会在此居住下来，他们耕耘草地，封锁冬季草场。即使后来匈奴各部落时常偷袭这些移民，可最终还是无法招架中国官方的穷追猛打。于是这些游牧民不得不进行选择，要么留在故土向中国皇帝称臣进贡，要么就迁徙到别处去开发新的夏季牧场。于是一部分人选择了前者，从而被中国吸收同化；而另一部分人则越过亚洲南北向的山脉，向土耳其一带流亡。

蒙古牧民的这种西迁，从公元前200年开始，至今未曾断绝。这种西迁引发了蝴蝶效应，雅利安各部族受到新移民的冲击，他们被迫向罗马边境走去，希望可以找到一个军事力量薄弱的地区，以便随时占领。帕提亚人显然是有着蒙古血统的塞西亚人（这支人种在公元前一世纪来到幼发拉底河地区），他们遭遇了

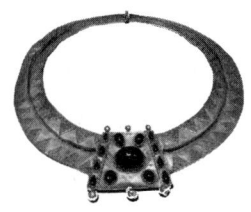

帕提亚帝国时期的金颈圈。帕提亚帝国（公元前247年—224年）又名阿萨息斯王朝或安息帝国，是亚洲西部的伊朗高原地区古典时期的奴隶制王国。建于前247年，开国君主为阿尔撒息。公元226年被波斯萨珊王朝代替。

瘟役流行时期，人们想尽各种办法处理尸体。

东征的庞培大军，并与其交战。他们曾打败过克拉苏的部队，并杀死了克拉苏本人；然后灭亡了波斯的塞琉古王朝，建立了帕提亚人自己的王朝。

但无论是东方还是西方，很多国家还是非常猛烈地抗击了这些饥饿牧民的侵扰。所以，这些饥民不得不经过中亚，从东南方向的开伯尔山口翻越而过，向印度迁徙。事实上，在罗马与中国都处于极盛时期的几百年间，多次受到蒙古人入侵的其实是印度。印度平原遭到了这帮惯犯一次次地洗劫，屠杀和破坏在肆意进行着，阿育帝国因此土崩瓦解，印度从而再次迎来了史上一段极为黑暗的时期。在这些侵略民族中，有一支"印度塞西亚人"建立了贵霜王朝，北部印度曾经被它统治过一段时间，从而维持着那里的秩序。来自蒙古的这种侵略一直持续了几百年。公元5世纪的大部分时期，白色匈奴一直侵扰着印度。这些侵略者强行征收印度各国的税赋，这使得印度常常陷于恐怖与灾难之中。夏天的时候，这些白色匈奴人种在土耳其西部放牧，但一到了秋天，他们就翻越山口到这里来侵扰居民。

公元2世纪，同时遭逢不幸的罗马帝国与中国汉王朝，开始对蛮族的抵抗显现出疲软之势。而主要的原因则是因为受到了瘟疫的猛烈袭击。这场瘟疫在中国蔓延了11年之久,使得社会组织严重瓦解。汉王朝也由盛转衰,又陷入四分五裂、连年征战的局面。等到中国再次崛起,却已经是公元7世纪的大唐王朝了。

庞培在耶路撒冷圣殿

在当时,传染病从亚洲向欧洲蔓延而来。公元164-180年,罗马全国遭到了传染病的疯狂肆虐。这场灾难让帝国权力机构的实际力量大大削弱,各地区人口锐减,管理力度与效率也急剧下降。总而言之,此时的罗马边界早已不是那么的固若金汤了,反而遍布缺口与弱点。原本居住在瑞典哥德兰岛的哥特人,这支新崛起的北欧民族越过俄国,向伏尔加地区和黑海沿岸迁徙,他们开始从事海盗的营生。在公元2世纪末期,他们有感于匈奴人西向的压力,在公元247年渡过多瑙河,大举向其他国家发起攻击,终于在今天的塞尔维亚地区挑起了一场大战,将第裘斯皇帝击溃,并杀死了他。公元236年,属于日耳曼系的法兰克人攻破莱茵河下游的国界。而如同潮水般的阿勒曼尼人则开始涌向阿尔萨斯。至于高卢地区,虽然有罗马军团抵御着侵略者,可是居住在巴尔干半岛上的哥特人却屡次进犯,这使得罗马的达契亚省从版图上消失。

马可奥里略圆柱

罗马逐步地丧失了往日的辉煌与自信。公元270-275年,罗马这个过去300年从不设防的城市,终于在皇帝奥里略的命令下,修筑了具有防御工事性的城堡。

第三十五章
罗马帝国早期的平民生活

> 在这样一个丰富多彩的国家，劳动和交易方式也各式各样。农业仍然是固定居民的主要职业。在上文中我们曾提到过，意大利早期的自由民，是罗马共和国的主要劳动力，但是自从布匿战争结束之后，他们便慢慢地被奴隶所取代。

建立于公元前2世纪的罗马帝国，在奥古斯都·恺撒之后的200年里，一直处于和平稳定繁荣昌盛的状态，之后，又一次陷入了混乱和分裂的局面。那么为什么会发生这样的规律呢？若想解开这个问题的答案，我们首先要关注生活在这片广阔国土上的老百姓，去了解他们的生活。此时此刻，我们已经进入了那段距离今天2000年的历程。无论在和平时期的罗马，还是在盛世的中国汉朝，这些文明民族的生活都越来越与如今文明人的生活相近。

在西方，金属钱币已被广泛地普及开来。在现实社会里，那些既不是政府官员，又不是祭司的平民百姓，也有了自己的私有资产。人们可以自由出行，大道与客栈比比皆是。这样的生活与过去相比，与公元前500年时的状况相比，要更加舒适自由了。这是由于过去的开化民族总是被禁锢在一个地区、一个国家，一些传统思想束缚着他们的言行，致使他们永远生活在狭小的环境里。在当时，只有游牧民族才可以自由地进行交易和旅行。

可是，无论是在罗马还是在中国汉朝，并不代表在其统治下的整个国家，有着完全一样的文明。事实上，某地与某地之间的文化差异往往有着天壤之别，就好比如今被英国统治的印度（1947年8月15日，印度摆脱英国殖民统治，取得独立。）与英国本土的风俗习惯截然不同。在这片无垠的土地上，到处都能看见罗马的驻军和殖民地，这里的人们说着拉丁语，供奉着罗马神。那些在罗马人还未到来之前就已经是城镇的地方，现在依然还是城镇。虽然这里的人民被征服了，可是他们的生活却依然没有改变，大家都忙着处理自己的事情，至少在短时期内，他们仍然能够用自己的方式来信奉本族的神。其实，拉丁语从未在希腊、小亚细亚、埃及以及被希腊化的东方地区占据主导地位，这些地区，希腊语始终有着不可撼动的主导地位。塔瑟斯城（位于土耳其南部，是圣保罗的故乡）的扫罗，即圣徒保罗，虽然是个犹太人，可同时又是罗马市民，他所说所写皆是希腊语，而并非希伯来语。即便是那个将希腊系塞琉古王朝灭亡了的帕提亚王朝，虽然不在罗马的统辖范围之内，可是它举国上下的官吏全都说着希腊语。另外，在此时的西班牙和北非，虽然原来统治此地的迦太基王朝已经灭亡，可是迦太基语却仍然沿用了很长时间。再比如古城塞维利亚，这是一个早在罗马名称尚未问世就已十分繁荣的城市，在当时尽管每隔数里就有罗马的驻军，可是居住在此地的闪米特人却仍然信奉着自己的女神，自由地说着闪米特语。此外皇帝塞普第缪斯·塞维尔斯，他从公元193年登基到公元211年统治结束，一直都在说着自己祖国的语言——迦太基语，拉丁语是后来才被定为外语来学习的。根据古籍记载，他的妹妹从来都不会说拉丁语，她在指使那些罗马仆婢的时候，都在使

罗马货币

雅典娜，希腊神话中的智慧女神，亦是农业与园艺的保护神、司职法律与秩序的女神，奥林匹斯十二主神之一，据说她传授纺织、绘画、雕刻、陶艺、畜牧等技艺给人类，亦是位女战神。

用腓尼基语言。

但是在有些地区，罗马帝国强行普及拉丁语，从而使之拉丁化，这些地区包括高卢、不列颠这种原本没有城市和神庙的未开化国家，还有达契亚（具体位置大致在如今的罗马尼亚）、庞诺尼亚（位于多瑙河南部的匈牙利）等省份。从此，这些国家在罗马帝国的强行干预下，首次向文明迈开脚步。罗马帝国在这些地方，建立起了许多城市和集镇，这些地方从建立伊始就以拉丁语为官方语言。与此同时，他们还在本地供奉罗马的神，普及罗马的风俗习惯和文化传统。现在的罗马尼亚语、意大利语、法语和西班牙语，全都是由拉丁语演变而来的，因此我们就不难想象，当时拉丁语和罗马风俗到底有多么的普遍。虽然拉丁语普及到了非洲西北部地区，但是在埃及、希腊和其他一些东方帝国，拉丁语始终都未曾波及。他们在文化和思想层面，始终保持着埃及和希腊的传统。在罗马，那些受过高等教育的人甚至将希腊语当成绅士用语，并加以学习，正是在这样的情况下，希腊的文学与知识就往往比拉丁语更受人喜爱。

在这样一个丰富多彩的国家，劳动和交易方式也各式各样。农业仍然是固定居民的主要职业。在上文中我们曾提到过，意大利早期的自由民，是罗马共和国的主要劳动力，但是自从布匿战争结束之后，他们便慢慢地被奴隶所取代。市民们在阿卡狄亚田园时期，仍然使用着自己的双手辛勤劳作，但是受到后来斯巴达风气的影响，人们开始将苦力劳动视为低贱的工作，从而驱使着大量奴隶代为耕作，在这段时期，各种各样的耕作方式就这样呈现在希腊的世界里。可是这一切终将成为过去，大多数地区全都被希腊化，从而导致领地制度和奴隶集团开始向全国蔓延开来。这些奴隶有些是战俘，但由于他们来自不同国度，

罗马人的收割机

说着不同的语言，相互之间根本无法沟通；有些是家生奴，他们既不会团结一致地反抗压迫，也没有争取权利的传统。由于他们根本没有读过书，更不会写字，所以他们都是文盲。他们的人口总数虽然超过了全国的一大半，但是却始终没有发动过任何形式的暴动。至于发生于公元前1世纪的斯巴达克斯起义，其实是一支经过特训的奴隶角斗士的起义。农奴们在罗马共和国末期与罗马帝国初期，受到了非人的待遇：主人为了防止他们逃跑，在晚上的时候就用大铁链把他们锁起来，或者将奴隶的头发剃去一半，从而容易辨认。结婚生子对奴隶们而言更是痴心妄想，他们中的大多数都会因为主人的虐待而残疾，甚至死亡。奴隶们被主人牵到市场随意买卖，有时候还会将他们驱赶到竞技场上与野兽进行决斗。相对而言，在希腊的个别地区，尤其是在雅典，奴隶们的待遇要好一些，可总体上还是痛苦的。对于这些奴隶来说，后来那些冲破罗马军事防线的野蛮人，不但不是敌人，反而是他们的解放者。

　　社会的各行各业几乎全都被奴隶制渗透了。那些需要多人合作才能完成的工作几乎全都由奴隶来做。例如挖矿、冶炼、摇橹、修路、修建房屋等项目全都是奴隶的工作。与此同时，奴隶还充当家庭的仆役和佣人。不过在城市和农村，仍然有着大量贫穷的自由民和刚刚获得自由的人，为了维持生计而不得不从事体力劳动。他们的职业或者是工匠，或者是监工，或者是其他领取薪资的工作，他们是新兴的劳动者阶级，不断地与奴隶劳动者进行竞争。可是我们无法得知

古罗马城

这些人在总人口中所占的比例到底是多少，或许这种比例在不同地区和不同时期也有着悬殊的差别。当然，地区不同，管理奴隶的方式也各不相同。在有些地区，白天用鞭子驱赶奴隶们去农场或采石场服苦役，到了晚上用铁链将他们锁住；而另一些地区，奴隶就如同佃户，主人将自己的土地划出一部分让他们自行耕种，但是必须要按时向主人交租，甚至他们其中有些人还可以获得与自由民一样的权利——结婚。

当然，还有用来决斗的奴隶。公元前263年，即布匿战争刚发生不久的时候，罗马时兴起伊特鲁利亚人创造的那种让奴隶自相残杀的娱乐方式。很快，罗马所有的富人每人至少拥有一个角斗士做随从。虽然他们仍然无法逃脱去角斗场厮杀的命运，但工作性质已经发生了根本改变，开始充当起富人们的保镖。在奴隶当中，受过教育的人不在少数，而这些大多都是战俘。在共和国后期，许多文明高度发展的城市被罗马攻占，例如希腊、北非和小亚细亚等国的许多城市，罗马从那里带回来大批受过良好教育的奴隶。在罗马很多上等家庭里，奴隶们通常还担任孩子的家庭教师。那些希腊奴隶非常紧俏，富人们强烈希望能有一个这样的奴隶来管理图书，或者充当秘书或营养师。他们非常喜欢将诗人如同一只会耍杂技的狗一样豢养起来。当时的文学和懦弱善辩的学术风格，在奴隶制的氛围里得到了快速发展。有一些唯利是图的奴隶贩子，会特别将一些聪明的小奴隶买下，对其进行教育，然后高价出售。一般，奴隶们也会被训练成抄写员、珠宝匠和各种手工艺者。

罗马从"富人共和国"阶段开始，到瘟疫流行继而导致大崩溃的400年里，奴隶的地位也发了巨变。公元前2世纪，战俘的数量大幅增多，而他们的境遇也更加惨无人道。他们的所有权利都被剥夺了，读者们无法想象的一切虐待全都被施加在他们身上。到了公元1世纪，罗马文明对奴隶的态度出现了非常明显的改变。由于战争经常遭遇不利，每次战争所捕获的俘虏少之又少，从而导致奴隶的价格节节攀升。在这样的情况下，奴隶主们开始觉醒：只有给予奴隶更高的尊严，才能让自己的利益最大化，生活也可以更加安心。另外，希腊人的高尚品质也使得旧罗马的苛刻态度得以缓和，社会道德和公义事业慢慢得到提高，同时，残暴的行为也受到了约束。奴隶主不再随意买卖奴隶，也不再让奴隶与野兽决斗。奴隶们被贴上了私有财产的标签，成为一种充当奖励的财产形式。形式各样的奴隶婚姻也得到了认可。在很多地区，有部分农业劳动不适合集体耕种，或者只适合在某个季节才有集体劳动的必要，所以，奴隶也就日渐成为农奴。他们只需要向主人交纳一定数量的生产品，或者只需要在某个季节为主人服劳役就可以了。

如果我们现在已经明白公元前1－前2世纪的罗马，这个大范围使用拉丁语和希腊语的国家，其实在本质上已经后退到了奴隶社会，而拥有尊严的自由民少之又少，那么它衰落和崩溃的原因我们也就不难知晓了。那个时候的罗马，几乎没有家庭生活。这种过着节制生活，对人生和理想进行积极思考和学习的家庭实在难以见到。鲜有学校和图书馆，即便有，也相距太远，自由思想和自由精神更是奢望。虽然罗马为自己的后来人遗留下了很多宽阔的大路、雄伟壮观的建筑废墟以及让人匪夷所思的法律和权利的传统，可是这些仍然不能抵消被它伤害了的意志、扼杀掉的理性和被它歪曲了的愿望。即便是统治这片广大国土的国王们，强迫奴隶进行劳动的统治者们，他们的灵魂即便上了天堂，也难以安宁、充满愧疚。在这种氛围下遭受破坏的还包括艺术和文学、科学和哲学这些欢乐之果。罗马帝国到处都充斥着抄袭和模仿，虽然他们有着数目庞大的艺术工匠，以及无数卑鄙无耻的迂腐学者，可是，倘若将罗马在公元4世纪所取得的成就，与雅典这个小城在辉煌的公元1世纪所做的那些理性活动作比较的话，整个罗马简直不足挂齿。正是在罗马的这种统治之下，雅典不可避免地衰落了，亚历山大的科学也日渐衰弱，似乎就连人类精神也日趋没落。

第三十六章
罗马帝国宗教发展的情况

> 如果征服发生在社会习俗与宗教习俗相似的民族之间,那么此地与彼地的神庙、此地的神与彼地的神之间的冲突,就有可能以融合或同化的方式平息。倘若两个神在本质上是相近的,那么通常情况下,它们都将被看成是一回事儿。

阿耳忒弥斯,是希腊神话中的月亮女神与狩猎的象征。阿耳忒弥斯是奥林匹斯山上十二主神之一。

在基督教产生的头两个世纪中,拉丁和希腊帝国统治下的人类,其灵魂总是遭受着痛苦的折磨。那时的人类世界,平静而稳定的幸福几乎完全绝迹,取而代之的是强迫与残忍,到处都是自大与炫耀,忠诚却几乎无处可寻。不幸的人们遭受到歧视,痛苦地呻吟着;而幸运的人却疯狂地追寻着欢乐。在一座又一座的城市中,人们生活的中心都是在追逐竞技场上那种血腥的刺激。在古罗马的角斗场中,人与野兽在血腥地厮杀,角斗士遭到残酷的折磨与屠杀。生活就是以这样的基调在延续着。与此同时,人们内心深处的那种不安则伴随着宗教的不安而日渐显现。

从雅利安人开始入侵时起,拉丁和希腊世界的神也不可避免地卷入了被改造甚至彻底消失的趋势。在漫长的岁月中,这个建立起浅黑色文明的农业民族,已经习惯于将庙宇作为生活和思想的中心，并遵从着特定的仪式和习俗、牺牲和玄秘。由于我们属于雅利安世界，因此他们的神在我们现代人看来有些不合逻辑。但在那些古老民族看来，这些神却是那么的生动。随着苏美尔和埃及早期城邦国家一个个被征服，虽然神发生了各种各样的变化，但其形象和精神却保留了下来。比如，闪米特的征服者在精神上与苏美尔人并无多大差异，所以他们继承了美索不达米亚文明的宗教，它虽然征服了苏美尔人，但精神上却无根本改变。因此，在宗教变革的意义上，埃及可以说是从来没被征服过。不论是受托勒密的统治，还是受罗马皇帝的统治，埃及的神庙、祭坛和祭司，其本质始终是埃及式的。

如果征服发生在社会习俗与宗教习俗相似的民族之间，那么此地与彼地的神庙、此地的神与彼地的神之间的冲突，就有可能以融合或同化的方式平息。倘若两个神在本质上是相近的，那么通常情况下，它们都将被看成是一回事儿。这种多神混合的情况，我们称之为"泛神崇拜（Theocrasia）"。泛神崇拜出现于公元前1000年前后，在广大范围内，某个普遍的神取代甚至可以说是吞并了其他地方的神。因此，当巴比伦的希伯来先知们宣告世界上只有一个神——正义之神时，人们并没有表现得多么慌乱，因为他们已经有了接受这种说法的精神准备。

当然，例外的情况也有，有时神与神之间的差异实在是太大了，以至于难以同化。这时，为了使它们融合，就需要找一些有说服力的关系。比如，使此地的母神嫁给彼地的男神，将动物神和星神拟人化，把动物和天文方面的神转化为某种装饰和象征，将战败民族的神看成与光明之神敌对的邪恶之神等等。所以，我们可以说，神学的历史中，充满了对地方神改造的片段和过程。

当古代埃及从多城邦国家发展成为统一王国时，泛神崇拜极为盛行。埃及人的主神是"地狱判官"（Osiris），它既是不死之神，掌握着人类长生不死的大权，同时也是丰收之神，掌管着种子和丰收。但后来，地狱判官与神牛阿庇斯（Apis）画上了等号。它与生育和繁殖女神埃西丝发生了关系。埃西丝又被说成是神牛哈斯奥。地狱判官死后，埃西丝生下了儿子霍尔斯，霍尔斯被当做是鹰神和黎明，它长大后，又成为了地狱判官。这些乱七八糟的神话之间其实并

三位一体的神

不存在什么逻辑关系，它们完完全全是人类想象出来的。在这三大神之下，还有一些其他的神，比如象征着黑夜的亡灵接引神（Anubis），它以人和其他神祇为食，是诸神与人的敌人。

其实，一切宗教体系的最终目的，都是为了使自己适合于人类的灵魂追求。那些传说和象征，不管显得有多么荒谬不经，但依然成为埃及人纯真信仰和灵魂安慰的寄托物。埃及人是如此强烈地希望能永生不死。因此，他们的宗教生活比其他任何宗教都突出永生这一主题。尤其是在遭到外族的征服时，这种渴望在来世得到幸福补偿的愿望便显得愈发强烈。

希腊人征服埃及以后，亚历山大城成为了埃及宗教生活的中心，同时也成为了希腊统治下的地区和人们宗教生活的中心。托勒密一世建造了宏伟的塞拉贝姆神庙。庙中供奉着一个三位一体的神。塞拉庇斯、埃西丝和霍尔斯并不是以三个独立的神的面目而出现的，而是被看做了一个神的三种不同面相。塞拉庇斯神在埃及人心目中的地位等同于希腊的宙斯、罗马的朱庇特和波斯的太阳神。这种崇拜逐渐扩散到希腊的全部势力范围内，甚至还传到了北部印度和西

罗马帝国宗教发展的情况
第三十六章

部中国。这种在现世遭罪但能在来世得到补偿的信仰，受到了世人的热烈欢迎。塞拉庇斯被视做"灵魂的拯救者"而广为传唱："当死降临，我们依然受到塞拉庇斯的庇佑。" 埃西丝也吸引了许许多多的信奉者。

紧接着，随着罗马帝国的崛起，这种信仰更是敲开了西欧世界的大门。随着罗马军旗的推进，塞拉庇斯、埃西丝的神庙，祭司宣讲的经典以及永生不死的欲望，也传到了苏格兰和荷兰。当然，在这个过程中，塞拉庇斯·埃西丝宗教也遭遇到了对手。其中，最突出的代表便是太阳神崇拜教（Mithnaism）。这个教派产生于古波斯，崇拜神牛，神牛的侧腹上有一个伤口，从中流出大量的血，信仰者们认为新的生命就是从鲜血之中跃然而出。这种崇拜比塞拉庇斯·埃西丝那种牵强而复杂的崇拜更为原始。太阳神崇拜教的信徒们以新鲜的牛血沐浴作为入教的仪式。

朱庇特，是古罗马神话中的众神之王，对应于古希腊神话的宙斯，西方天文学对木星的称呼以其命名。拉丁语中的"星期四"这个词也起源于朱庇特的名字，后来影响了许多西方语言。

这两种宗教，就本质而言，都是个人宗教，其目的在于个人的拯救和个人的永生。而那些比他们还要古老的宗教，却是以社会而非个人为立足点的。那些宗教所信仰的神祇，首先属于城邦或国家，然后才属于个人；祭祀是公共而非个人的职责。但是，希腊人和罗马人把宗教从政治中抽离出来，使宗教的着眼点由社会转到了个人身上。

以个人永生为目的的新宗教，固然夺走了旧宗教的国家精神和感情，但实际上却没有取代它们。举个例子来说，在罗马城市的神庙中，必然有供奉着罗马神——伟大的朱庇特的神庙，也必然有尊奉罗马皇帝的庙宇。因为罗马皇帝已经产生了将自己打造为神的

维纳斯，是爱神、美神，同时又是执掌生育与航海的女神，相对应于希腊神话的爱芙罗黛蒂。拉丁语的"金星"和"星期五"等词都来源于她。

念头。人们膜拜这些庙宇和神祇，只是为了表示自己对国家和皇帝的忠诚。但是，一转身，人们就会跑到埃西丝神庙去，祈求女神对自己个人的烦恼赐以神谕和安慰。

此外，还有一些其他的神。例如在塞尔维亚，人们长期信奉着维纳斯女神，而罗马军团的士兵和奴隶则多信奉太阳神。犹太人聚集在教堂诵读圣经，赞美着他们的世界之神。但是，由于犹太人拒绝为罗马皇帝进行公开祈祷，所以经常惹来麻烦。

在佛祖释迦牟尼还没有出世之前，东方就已经有了男、女苦行僧。他们为了消除烦恼，放弃了婚姻和财产，期望通过禁欲、苦行、独处来求取精神的力量。尽管释迦牟尼本人反对极度的苦行，但他的弟子们大多过着严格的修行生活。无独有偶，希腊的一些无名宗教的信徒们也过着类似的生活，甚至有过之而无不及。公元前1世纪，禁欲主义开始出现在犹太城和亚历山大城的犹太人社会中，并出现了一些团体，其中比较知名的是戒行教派。公元1-2世纪是苦行主义流行的年代。人们对于秩序、祭司、神庙、法律和习俗的信仰早已崩溃，内心中充满了自我厌恶和精神不安。为了换取内心的宁静与平和，他们宁愿以克制欲望和刻苦修行作为代价。

第三十七章
耶稣对世人的教导

> 实际上,耶稣在他所生活的年代,只是个身无分文的穷教师,终日里在炎热而肮脏的犹太国范围内流浪,到处宣扬自己的主张,只能靠众人的施舍来维持生活。

耶稣诞生在罗马帝国第一任皇帝奥古斯都·恺撒统治的时代。正是在恺撒统治时期,基督教成立并发展壮大起来,乃至后来成为了罗马帝国的官方宗教。

大多数基督徒认为:基督耶稣是犹太人首先承认的"世界之神"的化身。但历史学家则普遍不能接受这种说法。因为,历史学家都是人文主义和科学主义的信徒,从物质的角度来看,耶稣是以人的模样出生的。历史学家只能且必然要将其作为一个活生生的人来进行研究。

圣婴降世

耶稣出生之时,犹太人正处在台比留统治时期。世所公认,耶稣是一个先知。他遵循着从前犹太先知们所采用的传教方式来宣扬自己的理论。今天的我们只大概知道耶稣30岁左右从事传教以后的情况,而对此之前他的生活情况,我们却一无所知。

我们了解耶稣生平和传教的最直接的也是唯一的途径，便是四部福音书。这四部福音书组合起来，共同给我们勾勒出一个清晰的人物形象。读过这四部福音书的人们都有这样的感叹："这是个真实的有血有肉的人，而不是一个编造的人。"

但是，正如佛祖释迦牟尼的形象因后世其信徒塑造的金光灿烂的佛像而遭到歪曲和蒙蔽一样，耶稣本有的瘦骨嶙峋的面相和奋发向上的个性，也因为近代基督教艺术对其的过度修饰而遭到了严重的扭曲和误解。实际上，耶稣在他所生活的年代，只是个身无分文的穷教师，终日里在炎热而肮脏的犹太国范围内流浪，到处宣扬自己的主张，只能靠众人的施舍来维持生活。然而，正如我们在基督教的艺术作品中所见的那样，耶稣却变得一尘不染，他头发整洁干净，皮肤光洁，穿着十分考究，身形也高大挺拔。周围的一切事物，即便如何宏伟与美好，一旦与他放在一起，都显得那么的庸俗和平淡。正因为如此，所以很多人便觉得耶稣是一个虚假的存在，是旧时人们编制的一个美丽谎言。

倘若我们能够客观而公正地从历史的记载中剥离出那些虚伪而造作的粉饰，就会看到一个充满人文关怀、满怀真诚与热情、有时还偶尔会生气发怒的耶稣形象。耶稣孜孜不倦地传播着他简洁而深刻的新教义。这个新教义的核心内容有两条：其一，世上存在着一个普爱众生的天父；其二，尽管人们在现世遭受着困难，但美好的天国终将来临。很显然，耶稣是一个颇具人格魅力的人。他吸引了许许多多的信徒，使他们的内心充盈着无边的爱和博大的勇气。他的出现无疑给那些贫弱者和苦闷者打了一剂强心针，使他们拾起勇气，重新振作起来。当然，我们也有理由相信，耶稣的体质很一般，因为他被钉在十字架上后不久就死去了。如果传言可信的话，耶稣的心理素质也并没有我们想象的那么好。有一个传言说，当行刑者将十字架背到刑场的时候，耶稣便昏倒在地了。为了宣传自己信仰的教义，耶稣在国内整整游历了三年，最后来到了耶路撒冷。岂料，在这里，他却被别有用心的人告发，说他阴谋在犹太建立一个异端王国。于是，耶稣被安上了莫须有的罪名，与两名盗贼一起被处死。我们同样相信，在这两个盗贼被处死之前，耶稣就已经结束了自己在尘世中的苦难历程。

公会审判耶稣

耶稣所倡导的关于天父和天国的教义，确实起到了使人们觉醒的作用。这在当时，无疑是具有进步的革命意义的。但很可惜，当时的人们还不能充分地认识到耶稣和他的思想所蕴含的伟大意义，有些人甚至在听到这种对人类习惯与制度进行大胆挑战的"奇谈怪论"后，便吓得赶紧躲在了一边。不过，这些情况并不值得我们大惊小怪。耶稣所传播的天国教义，根本就是一种勇敢无畏的不可调和的新要求，它要求好战的人类对自己的生活重新进行审视，并进行彻底的改变和净化。要想了解他的思想，读者就必须阅读这四部福音书。

犹太人认为，全世界只有一个神，那就是正义之神。但是，他们同时也认为，正义之神是个懂得交易的神，它与犹太人的祖先阿伯拉罕曾订下了契约，并许诺将使犹太人成为世界上最优秀的民族。这一契约，尽管如此荒诞，但对饱经苦难的犹太人来说却是极为珍贵的。因此，当他们听到耶稣要取消这一契约时，不仅大失所望，而且极为愤慨。按照耶稣的说法，神就是神，不可能是生意人，根本不可能与俗人订立契约。在天父的天国里，没有什么经过特殊挑选的民族，

没有所谓的宠儿,所有的人都是平等的。上帝是世间万物的父亲,他的光辉像太阳一样慷慨而无私地普照着大地。上帝对所有人都是同样看待的。另一方面,世上的人类,不管属于哪个种族哪个民族,都是兄弟。所有的人都有原罪,所有的人都是天父的爱子。在撒玛利亚人的寓言中,耶稣对那种只愿称颂自己的民族,而对不同的民族则持鄙视态度的人表示了极大的轻蔑和怜悯。在《马太福音》第十二章《劳动者的寓言》中,耶稣对犹太人要求神给以特殊对待的要求表示嫌恶。他教导说:"神对被召唤到天国里的所有人都一样看待,毫无差别,因为神的恩宠是无以量度的。"此外,耶稣还通过埋藏银子的寓言、寡妇捐赠的寓言等,教育人们应该贡献出自己的全部能力,强调天国之中没有特权。

但是,耶稣的目的,也并非单单在于指责犹太人那种强烈而狭隘的爱国主义。我们都知道,犹太人是一个具有强烈民族观念和浓厚排外心理的民族。耶稣的真正目的,其实是想教导人们用伟大的博爱取代那种狭隘有限的家族之爱。在耶稣的教义中,整个天国其实就是一个由信徒们组成的无差别的、不分高低的大家庭。《圣经》中说:"当耶稣正在与大家谈话的时候,他的母亲与兄弟等在外边有话要跟他说。此时,有人告诉他,他母亲和兄弟站在外边等着跟他说话。但是他却回答'谁是我母亲?谁是我的兄弟?'然后伸手指着信徒们说:'这是我的母亲,我的兄弟。凡按照天父的意愿去做的人,就都是我的兄弟姐妹,都是我的母亲。'"

耶稣不仅以上帝普遍的无差别的父爱和全人类都是兄弟的名义,抨击了狭

耶稣接收天父耶和华的洗礼

隘的爱国主义和片面的家族忠诚，而且还旗帜鲜明地谴责了按财产确定社会等级的不公平制度。他指出，所有人都是天国的子民，所有人的所有财产也都是天国的财产。对于世上的芸芸众生来说，唯一正当的生活，就是用我们所拥有的一切和所做的一切，来努力践行神的旨意。他不止一次地在公开场合斥责对私有财产和个人生活的保留。

有这么一段记载："耶稣在路上行走，跑过来一个人，跪倒在他的面前向他问道：'完美的主啊，我怎样做才能得到永生？'耶稣问他：'你为什么说我完美呢？除了一位，再也没有什么人是完美的了，那就是上帝。圣诫你是知道的，不杀人，不奸淫，不偷盗，不做假证，不欺骗，孝敬父母。'此人回答：'主啊，这一切我从小就做到了。'耶稣看着他，十分喜爱，便对他说：'你还差做一件事，变卖掉你的财产，把它分给穷人，你将在天国中拥有财产。去做吧，然后跟我走。'那人听了这些话，脸色变得很难看，郁郁不乐地走开，因为他有很多的财产。""耶稣望了一下四周，对信徒们说：'有钱人进天国有多难啊！'信徒们听了觉得十分奇怪。耶稣接着又说：'孩子们，有钱人进天国有多么难啊！骆驼穿过针眼比起有钱人进天国，怕还要容易些呢。'"

不仅如此，耶稣还对犹太教那种近乎交易的所谓"正义"表示了难以容忍的厌恶。他的学说中，有很大一部分内容就是在谴责这种虚伪的"正义"。"法利赛人和文书问耶稣：'你的信徒们为什么不按照古人的遗规，用没洗净的手来吃饭呢？'耶稣回答道：'看

耶稣受难

耶稣在山上向众信徒传授圣训

来，以塞亚对你们的伪善所做的预言，像写下来一样的真实'。'人们用嘴唇亲吻我，心却离我很远'。'虽然你们崇拜我，却也徒劳无益''因为你们所教导的，是人规定的戒律'。'你们对上帝的圣训置之不理，一心遵从人的传统，你们所做的许多事情，不过像在洗濯杯碗'。'你们是在抛弃上帝的训导而坚持你们自己的遗规'。"

我们必须认识到，耶稣所宣扬的理论，绝非仅仅是进行道德和社会层面的变革。在一些迹象中，我们可以看出，耶稣的理论包含着十分明显甚至极为强烈的政治倾向。按照他的说法，天国不在今世，也不在皇位，而在人的心中。听他说教的人，无论怎样瞎，怎样聋，怎样漏听他说教的内容，都绝不可能听不出其中极为鲜明的改革世界的决心。从那些反对他的理论和他受审判、受极刑的情况来看，在他同代人的心目中，他是提出一整套使人类生活得以改革、融合、扩展的直率而明确的方案的人。

毫无疑问，那些有权有势的既得利益者一定会从他的观点中，感受到某种说不出的恐惧。他们觉得，世界将会在耶稣的教导下发生某种革命性的变革。耶稣会把他们积蓄下来的私有财产挖掘出来，令其曝光于宗教生活的阳光普照之下。耶稣就像一个可怕的道德猎人，把他们从以前舒适的洞穴中硬生生地拉出来。在他所宣扬的那个光芒四射的天国里，没有财产，没有特权，没有骄傲，也没有优先。除了爱之外，再没有别的动机和报酬。于是，人们感到迷惘，由于内心私欲的蒙蔽，他们变成了睁眼瞎，狂叫着反对耶稣。耶稣思想之激进，甚至于连他的门徒们都无法理解。而犹太教的祭司们则更上一层楼，他们深刻地认识到，他们与耶稣之间是一场有你无我、有我无你的生死较量。至于那些罗马士兵，他们面对着这种使他们难以理解又威胁到军人纪律要求的主张，也只能用狂笑来掩饰自己的感受。他们甚至戏谑地把荆棘编成的王冠戴在耶稣头上，把紫袍披在他身上，把他装扮成假皇帝。在他们看来，如果他们接受了耶稣的主张，那就意味着他们将接受某种奇异而可怕的生活，意味着他们将抛弃原有的习惯，抑制自己本能的冲动，却去追寻一种不靠谱的幸福。

第三十八章
基督教教义的发展脉络

> 除了阿里乌斯派和塞贝里派,还有一个三位一体派。这个教派的教义更加稀奇古怪,他们认为神既是一个,同时也是三个,神其实就是圣父、圣子、圣灵三位一体。起初,阿里乌斯派占了优势。但后来,经过辩论和战争,三位一体派的信条最终成为基督教世界公认的信条。

从四部福音书中,我们可以大致了解到耶稣的为人和他所宣扬的理论。但是,读过四部福音书,我们对基督教的教义却依然没有什么深入的了解。其实,基督教的信仰大纲几乎都记载在由耶稣弟子们所撰写的《使徒书》中。

基督教教义最主要的作者,便是圣保罗。其实,圣保罗既没有见过耶稣,更没有听他传过教。圣保罗原先的名字叫扫罗。早先的他实际上是一个反基督教义者。耶稣死后,他甚至曾经积极地迫害耶稣的信徒,并因此而远近闻名。但是,后来,他却突然皈依了基督教,并将自己的名字改为保罗。圣保罗是一个智力超群且精力充沛的人,他对传教有着常人所无法比拟的热情。他对犹太教、太阳神崇拜教等宗教的教义了如指掌。后来,他将这些宗教中的许多概念和教义都融入了基督教的血液当中。当然,他所宣扬的理论已经和耶稣当年宣扬的理论有所出入了,但是他不仅告诉了人民,耶稣是神所承认的救世主和犹太人的领袖,而且还告诉了人们,耶稣的死其实是一种牺牲。耶稣勇于赴难,是为了让世人的灵魂得到救赎。

当几个宗教并存发展的时候,它们通常会互相借鉴别家的礼仪形式等外表

圣保罗雕像。圣保罗（前4-64），是耶稣同时代人，是弘扬和发展新生的基督教教徒中最重要的先驱。

戴克里先（245-312），原名为狄奥克莱斯，罗马帝国皇帝，于284-305年在位。其结束了罗马帝国的第三世纪危机（235-284），建立了四帝共治制，使其成为罗马帝国后期的主要政体。其改革使罗马帝国对各境内地区的统治得以存续，最起码在东部地区持续了数个世纪。

特征。比如中国的佛教，有着与老子开创的道教几乎完全相同的寺庙、僧人和宗教仪式。但是探究这两家的教义，我们就会发现，两者的原始宗旨几乎是南辕北辙，大相径庭。同样，基督教不仅继承了亚历山大教和太阳神崇拜教供品、祭坛、蜡烛、圣诗诵唱和偶像等形式，甚至采纳了它们的某些祷词和神学概念。但这种形式的"剽窃"和"抄袭"并未给基督教带来怀疑和耻辱。其实，很多宗教之间尽管教旨上有这样那样的区别，但这些差异和矛盾并不妨碍它们共存，甚至是共荣。每一种宗教都在努力寻找着自己的信徒，同样信徒们也在寻找着适合自己的宗教。所以，各宗教之间经常会流动着改宗者。这些宗教当中的某一家往往会受到官方的特别垂青，但是与其他宗教相比，基督教却受到了官方更多的怀疑，甚至是迫害。因为，基督教的信徒和犹太教的信徒一样，不肯对神圣的罗马皇帝施礼。抛开耶稣本人的改革精神不谈，仅此一点就足以使基督教成为一种颇具煽动性的宗教。

圣保罗成功地向他的弟子们传递了这样一种信息：同埃及神"地狱判官"一样，耶稣同样具有不死之身，他不仅自己能死而后生，同样也能为人类带来永生。后来，随着基督教世界的发展壮大，产生了耶稣和天父到底是什么关系的争论。这场争论给基督教带来了严重的内讧和动乱。阿里乌斯派认为，耶稣也是神，但是他无法与天父相比，他的地位要低于天父。而塞贝里派则认为，耶稣这个形象其实是天父众多形象当中的一个。也就是说，耶稣其实就是天父。除了阿里乌斯派和塞贝里派，还有一个三位一体派。这个教派的教义更加稀奇古怪，他们认为神既是一个，同时也是三个，神其实就是圣父、圣子、圣灵三位一体。起初，阿里乌斯派占了优势。但后来，经过辩论和战争，三位一体派的信条最终成为基督教世界公认的信条。

在这里，我们不准备对基督教世界各教派之间的争论发表什么是与非之间的意见，因为这些争论对世界的影响远不如耶稣本人所持教义的影响大。耶稣的观点和理论，的的确确使人类整体的道德和精神生活提高到一个相当的高度。基督教教义中的某些主张，比如上帝是天下所有人的父亲，全人类都是兄弟，每个人的人格都像上帝居住的殿堂一般神圣无比等等，这些主张对后来人类的社会和政治生活产生了不可估量的深远影响。随着基督教的扩张和基督教教义的广泛传播，一种人之所以为人的尊严开始在世界上蔓延开来。一些对基督教"不怀好意"的批评家指出，圣保罗曾经向奴隶们宣扬服从。这或许是真的。但那些保存在四部福音书中的基督教精神，的的确确强烈地反对任何人压迫人的不平等现象。比如，基督教就对角斗场上那种互相杀戮的亵渎人类尊严的行为旗帜鲜明地提出了反对和批评。

耶稣死后的200年间，基督教传到了罗马帝国的每一个角落，信徒也与日俱增。这种迅速的扩张与壮大直接影响了罗马皇帝对基督教的态度，有的皇帝对基督教怀有强烈的敌意，而有的皇帝则对基督教予以宽容。但在公元2世纪和3世纪间，罗马帝国都曾出现过对基督教迫害的尝试。这种尝试在公元303年达到了高潮，时任罗马皇帝的戴克里先终于公开实施了对基督教的大规模迫害。教会的大量财产被没收，《圣经》和各种宗教典籍被焚毁，许许多多的教徒遭到了残酷的杀戮。这里有一点需要我们特别注意，那就是罗马皇帝对基督教典籍的焚烧。这说明，罗马当局已经意识到：书是团结信仰的重要力量载体。基督教和犹太教都是"有着书的宗教"。换言之，它们都是受到教育的宗教，它们之所以能够长期存在，并生生不息，一个很重要的原因就是它们的信徒能够通过阅读典籍来了解宗教教义中的思想。类似这样的新宗教能够借助于人们的理性，所以它们才能存在并发展开来。而旧宗教就很难做到这一点。所以，

君士坦丁一世（272—337），罗马皇帝。是世界历史上第一位信仰基督教的皇帝，曾在313年颁布米兰诏书，历史上首次承认基督教的合法地位。并于330年，为维护罗马帝国的统治，将罗马帝国的首都从罗马迁到拜占庭，改该地名为君士坦丁堡。被后人誉为"千古一帝"。

这就不难理解，为什么当西欧因蛮族的入侵而陷入了长久的黑暗当中时，为什么基督教会却成为保存学术传统的主要机构。

戴克里先遏制基督教发展壮大的努力最终还是成了泡影，遭到了完完全全的失败。在帝国的许多省份，由于大部分的居民和官员都是基督徒，戴克里先的迫害措施根本就实施不下去。公元311年，伽莱里乌斯皇帝颁布宽容勒令。又过了13年，君士坦丁大帝成为罗马帝国的独裁者。和戴克里先不同，君士坦丁几乎可以说是基督教的朋友。他临死时，甚至接受了洗礼，而皈依了基督教。君士坦丁大帝抛弃了所有神圣的称号，却将基督教的符号加在了自己军队的盾牌和军旗上。

这以后没几年，基督教就成为了罗马帝国的官方宗教，确立了其不可动摇的地位。而那些曾与之竞争的宗教或被打压，或迅速消失，均不能再与基督教相抗衡了。公元390年，狄奥多西大帝干脆下令，将亚历山大城的丘比特·塞拉庇斯大神像捣毁。这样，从公元5世纪初开始，罗马帝国的广袤土地上，就只剩下基督教的寺庙和僧侣了。